Emil Benezé

Das Traummotiv

in altdeutscher Dichtung bis ca.1250

Emil Benezé

Das Traummotiv
in altdeutscher Dichtung bis ca.1250

ISBN/EAN: 9783743372023

Hergestellt in Europa, USA, Kanada, Australien, Japan

Cover: Foto ©ninafisch / pixelio.de

Manufactured and distributed by brebook publishing software (www.brebook.com)

Emil Benezé

Das Traummotiv

DAS TRAUMMOTIV
IN ALTDEUTSCHER DICHTUNG
(BIS c. 1250).

INAUGURAL-DISSERTATION

ZUR

ERLANGUNG DER DOKTORWÜRDE

DER

PHILOSOPHISCHEN FAKULTÄT

DER

UNIVERSITÄT JENA

VORGELEGT VON

EMIL BENEZÉ

AUS JENA.

JENA
FROMMANNSCHE HOF-BUCHDRUCKEREI
(HERMANN POHLE)
1896

Genehmigt von der philosophischen Fakultät der Universität Jena auf Antrag des Herrn Prof. Dr. Kauffmann.

Jena, den 10. November 1894.

Hirzel,
d. z. Dekan.

Einleitung.

Im Erec V. 8123 ff. rühmt Hartmann seinem Helden nach: 'keins swachen glouben er phlac, | er wolte der wîbe liezen | engelten noch geniezen, | swaz im getroumen mahte, | dar ûf hât er kein ahte, | er was kein wetersorgære'. Die Aufzählung der weiteren abergläubischen Mittel, die Zukunft zu erschließen, von deren keinem Erec Gebrauch macht, wird geschlossen mit den Worten: 'und swaz ungelouben gît, | dâ enkêrt er sich nicht an'. V. 8146 heißt es dann noch: 'und enphieng ez allez für einen spot'. Wenn Wirnt von Gravenberg in seinem Wigalois V. 6182 ff., wo er die ganze Stelle nachbetet, zufällig nicht den Traum erwähnt, so hat ihm Hartmann doch gewiß auch inbezug auf diesen ganz aus der Seele gesprochen. In der Brust eines Ritters, der für 'muotveste' und 'unverzagt' (Erec 8118. 20) gelten wollte, durfte kein Raum für die dunkeln Mächte des Aberglaubens sein. 'An troume sol ein altez wîp gelouben und ein riter niht' heißt es Troj. 19 184. 'Welt ir grôze rîcheit | mit iuwern troumen bejagen, | sô sult irs alten wîben sagen. | die sagent iu wærlîche | daz ir sælic unde rîche | werdet unde dar zuo alt' wird in einem Schwank des Stricker (Hahn III 150) gespottet. Von 'alter wîbe troume' ist in Ulrichs v. d. T. Willeh. 82a die Rede. Nachdem im Reinh. Fuchs Schautecler erst selbst durch die ängstliche Erzählung seines Traums seine Frau Pinte besorgt gemacht hat, ist es sehr unrecht von ihm, daß er V. 84 f. sagt: 'mê verzaget ein wîp, danne tuon viere man'. 'Daz ungemach troumt mîner Matzen vert' höhnt Neidhart (Haupt 103, 21). Auf der Bildungshöhe seiner Zeit stehend macht sich Walther v. d. V. über der alten Weiber Freude am Traumdeuten lustig (Lchm. 94, 11)[1]). Einen anderen Charakter hat die Abweisung des Traums und der Warnung der alten Heldenmutter Ute durch Hagen im Nib.-L. (B. 1510) und der Hohn Gunthers, als Hagen ihn auf Grund eines Traumes vom Kampfe mit Walthari abhalten will. Das sind Zeugnisse reckenhaften Trotzes alter Sagenhelden. Aus Hartmanns Worten dagegen spricht nicht nur sein eigenes Klarheitsbedürfnis, sondern die Bildung und vor Allem die Frömmigkeit der höfischen Gesellschaft seiner Zeit. Man fühlte sich zugleich aufgeklärt und rechtgläubig genug — oder man gab sich wenigstens so —, um auf solchen Irrwahn verächtlich und spöttisch herabsehen zu können. —

Haben wir unter solchen Umständen eine ausgiebige Verwertung des Traummotivs zu erwarten? Wir brauchen noch nicht alle Hoffnung aufzugeben. Denn erstens läßt sich der Traum poetisch benutzen, ohne daß Glauben oder Unglauben an seinen prophetischen Wert in Frage kämen, zweitens aber vermochte der Bannstrahl eines Hartmann und derer, die mit ihm gleich dachten, nicht, aus der Welt zu schaffen, was sich an Traummaterial in der Volksdichtung aus älterer Zeit erhalten hat. Auf die litterarisch internationalen christlich-visionären Träume gehen wir nur da ein, wo wir mit Sicherheit etwas germanisches in ihnen zu finden glauben (vgl. über sie C. Fritzsche in Rom. Forsch. II u. III).

I.

Traum und Erwachen: Schein und Wirklichkeit.

A. Der Traum ein trügerischer Schein.

Die nächstliegende, einer Reflexion über das Wesen des Traums am ehesten entspringende Beobachtung ist die, daß derselbe den Menschen irre führe und daß nichts auf ihn zu geben sei. Der mittelalterliche Christ fand sie außerdem in der Bibel und der

---

1) Iw. 3547 'swer sich an troume kéret, | der ist wol gunéret' gehört wegen des Zusammenhangs an der betreffenden Stelle eigentlich nicht hierher, weil dort von dem Vergegenwärtigen schöner Traumbilder, gegen die sich nachher die Wirklichkeit nur um so unerquicklicher ausnehme, als etwas müssigem die Rede ist. Die Sentenz macht aber den Eindruck eines allgemein geläufigen Sprichworts (vgl. Nib. B. 1510, 1: 'swer sich an troume wendet'), wie ja Hartmann solche einzuflechten liebt, und hat sich als solches gewiß hauptsächlich auf den Traumaberglauben bezogen.

geistlichen Litteratur öfters ausgesprochen, weil bei dem weltverachtenden Charakter der jüdischen und christlichen Religion diejenigen, die in ihrem Dienste schrieben, auch den Traum als Bild für den Begriff „Nichts, leerer Schein" gut brauchen konnten. Der seltsame, sehr häufig auftretende Sprachgebrauch freilich, nach welchem das Wort 'troum' für jenen Begriff einfach ohne Vergleichspartikel eingesetzt wird, erklärt sich aus solchen Quellen nicht. Vielleicht schreibt er sich noch von einer Grundbedeutung des Wortes: „Trugbild" her (vgl. Henzen, Ueber die Träume in der an. Sagalitt. Lpzg. 1890, S. 5 ff.). Er findet sich in Wendungen wie: 'mirst fröude ein troum | ich trage der riuwe swæren soum (Parz. 461, 1); wart er ie fröuden rîche, | daz was im worden gar ein troum (Willeh. 136, 18); si brâhte mich des inne, daz ir zürnen was ein troum (Neidh. 46, 20); ir aller milte ist gar ein troum wider im (vom Herzog Friedrich gesagt HMS II 818); und ne lâze im niht die vart sîn ein troum (d. h. er soll sie nicht unterlassen Osw. 1102; entsprechend wiederholt 1330); irdisch leben daz ist ein tr. (HMS III 166 b); und wart ir fröude gar ein tr. (Troj. 25167); ist mîn sorge gar ein tr. (HMS I 169a); ez was im allez nu ein tr., swaz er gedolte (Ulrichs v. d. T. Willeh. 105a); ist, daz er sich bekêret, | vor gote wird sîn sünde ein tr. (Vrid. 38, 4)'. Die Eigentümlichkeit dieser Beispiele, die wir noch stark vermehren könnten, berührt und erklärt Bezzenberger nicht, wenn er in einer Anmerkung zu der letzten Stelle Hiob 20, 8 anzieht und darauf hinweist, daß der Traum im A. T. ein häufig gebrauchtes Bild für Nichtigkeit und Vergänglichkeit ist. Aehnlichen Inhalt, wie Hiob 20, 8, wo es vom Ruhm der Gottlosen heißt, daß er vergehe, wie ein Traum, der fortfliegt, wie ein Gesicht der Nacht, haben noch einige Bibelstellen: Ps. 72, 20 'Velut somnium surgentium Domine in civitate tua imaginem ipsorum (der Gottlosen) ad nihilum rediges'; Jes. 29, 72 'Et erit sicut somnium visionis nocturnae multitudo omnium gentium'; Pred. 5, 63 'Ubi multa sunt somnia, plurimae sunt vanitates et sermones innumeri'; Jer. 23, 25—32 werden die Propheten bedroht, die auf Grund angeblicher und falscher Träume weissagen. Auf Jes. 29, 8 und Sirach 34, 1—6 kommen wir noch zurück. —

Mögen auch viele der kurzen mhd. Traum-Sentenzen der Reimnot ihr Dasein verdanken, so zeigen sie doch, wie geläufig die Vorstellung von der Nichtigkeit des Traums war: 'dîn lôn ist als ein rîcher tr., der nâch dem slâfe swindet (HMS II, 233b); swaz

wir noch vröuden hân gesehen, | daz ist uns als ein tr. geschehen
(Vrîd. 128, 8); son'ist ez (das irdische Gut) niht ein stæte lêhen,
was sol'z danne sîn? | ez ist ein blic nâch wâne als in dem troume
ein süezer schîn | und ist vil schiere enwek geflogen (HMS II, 135 a,
vgl. Hiob 20, 8 velut somnium avolans); auf die blitzschnelle Auf-
einanderfolge der Vorgänge im Traume bezieht sich auch: des
sult ir, junger wîgant, | niht gâhen mit der iuwern hant | nâch dem
Witegen zoume. | sam in einem troume | mugt ir sie wol verliesen
(Bit. 8547); sîn lop zergât alsam der tr., | der blinden troumet
umb ir sehen (Reinfr. 3 b)'. Auf die klassische Litteratur als eine
zweite Quelle für derartige Sentenzen weist uns eine Stelle im
Welsch. Gast (3587 ff.) hin: 'Wir sagen unser tröume niht, | swenn
uns ze troumen geschiht: | swenn ich sage den troum mîn, | ich
wache, daz ist wol schîn'. So wird auch, heißt es weiter, der
Sünder seiner Laster erst inne, wenn er aus ihren Banden befreit
ist. Rückert hat als Quelle hierfür Sen. VI 1 festgestellt: Quare
vitia sua nemo confitetur? Quia etiam nunc in illis est. Somnium
narrare vigilantis est et vitia confiteri sanitatis iudicium est. Die
mehrfach vorkommende Zusammenstellung von Traum und Schatten
geht dagegen wiederum auf die Bibel und zwar auf Sir. 34, 2. 3
zurück. Während zu Eingang des Kap. überhaupt von der Thorheit, sich auf Träume zu verlassen, gesprochen wird, heißt es
speziell in den genannten Versen: „Wer auf Träume hält, der greift
nach dem Schatten und will den Wind haschen. Träume sind
nichts anderes, denn Bilder ohne Wesen". So sagt, um auszudrücken,
wie sehr Helena's Schönheit die aller anderen Frauen verdunkelte,
Konrad v. W. (Troj. 19 708): 'reht als ein troum und sam ein
schate, sus wâren elliu schoeniu wîp'. Näher schließt sich an die
Sir.-Stelle an Barl. 213, 26 ff.: 'alsam ein ringer schate vert, | und
als ein troumlîcher muot | der liute leben der welte guot'. Noch
mehr nähert sich ein Schwank (Strick., Hahn III), seiner Moral
nach, jener Bibelstelle. Dort begründet ein König seine feindlichen
Nachstellungen gegen einen Ritter damit, daß ihm Schlimmes von
Jenem geträumt. Wie töricht das aber sei, führt ihm sein Gegner
dadurch zu Gemüte, daß er ihm Ritter im Wasser, d. h. deren
Schatten zum Ersatz anbietet; weil ein Schatten ihn gequält habe,
so sei ein solcher auch die rechte Buße dafür. Der König hielt
absichtlich die Grenze zwischen Traum und Wachen nicht fest.
Ein unerhörtes Ereignis läßt uns aber auch wirklich unsicher werden,
ob wir wachen oder träumen. Glaubt der schlafende Keii (Krône 3724),

der einen singenden Ritter hört, 'ez wære von troume', so werden wir bei dem schlaftrunkenen Achilles eine solche vorübergehende Ungewißheit erst recht natürlich finden, wenn derselbe erwachend sich in einem durchsichtigen ledernen Sacke von Fischen durch das Meer gezogen findet (Conr. Troj. 13970). —

Das Gesehene, Gehörte ist zu schön, als daß es wahr sein könnte: 'Wie er in einem troume | wære, des bedûhte in sâ', heißt es von Wigalois (640/1), als er von einem Berge aus plötzlich eine herrliche Landschaft zu seinen Füßen liegen sieht. 'Weder muowent uns troume oder sulen wir die rede gelouben' fragen sich in der Kaiserchronik (2724) die Söhne, die ihre längst verloren geglaubte Mutter wieder finden. Im Moritz von Craun wird in aller Heimlichkeit ein so prächtiges Schiff hergestellt: 'der ez sæhe mit den ougen, | der swüere wol ez wære ein troum' (V. 734 f.).

Troj. 14185 heißt es: 'ich wânde swaz mir ist geschehen | daz wære mir getroumet gar'. Cundrie versichert, Parz. 782, 13, um Zweifeln an ihrer astronomischen Weisheit zu begegnen: 'ich ensprichez nicht ûz eime troum'.

Der lügnerischen Behauptung des Grafen hält Wolfdietrich (W. B. 760) die seine mit einem spöttischen 'daz hât mir wol getroumet?' entgegen. Höhnisch fragt auch Tristan den Zwerg (Mßm. 366, 17): 'friunt troumet iu? waz mære trîbet ir mich an'! In einem Tagelied des Marner (Q. F. XIV S. 84) will die Frau nicht glauben, daß es schon Tag sei, und traut sogar den weckenden Vögelein zu, daß sie auf ihren Aesten träumen. Man sucht einen Andern in seinen fatalen Beobachtungen dadurch irre zu machen, daß man ihm einredet, was er gesehen, habe er nur geträumt. In der Schwanklitteratur kehrt das mehrmals wieder. Die ertappte, treulose Frau wendet mit besonderer Vorliebe diese List dem Ehemann gegenüber an.

Im „Verkehrten Wirt" (Ga 43) hat sie die Vorsicht gehabt, im Dunkeln eine Base statt ihrer von dem erzürnten Hausherrn durchprügeln zu lassen. Sie kann infolge dessen am andern Morgen auf seine Vorwürfe stolz erwidern (303): 'Ist schoene der rükke mîn, mag ez iu wol getroumet sîn'; ja sie kann die Beleidigte spielen und hinzusetzen: 'und habt ir mich dar zuo erwelt, | daz iu von mir troumen sol, | daz mînen êren stât niht wol'? Nicht viel anders verhält es sich im „Ritter unterm Zuber"(Ga 41). Dem Ehemann, der da das kallen der beiden Verliebten gehört hat, entgegnet die

Gattin, sie habe zu ihm im Traume zärtliche Liebesworte geflüstert: 'wan wer dem andern guotes gan, | küme er des vergezzen kan, | er släfe oder wache'.[1] —

Aber der Zweifel über Traum und Wirklichkeit kann auch zu poetisch ernsten Zwecken verwertet werden. So von dem greisen Walther in seinem wehmutsvollen Schwanenlied (Lchm. 124, 1):

> Owê war sint verswunden alliu mîniu jâr!
> ist mir mîn leben getroumet? oder ist ez wâr?
> daz ich ie wânde, daz iht wære, was daz iht?
> dar nâch hân ich geslâfen und enweiz ez niht.
> nu bin ich erwaht und ist mir unbekant,
> daz mir hie vor was kündic als mîn ander hant

u. s. w. Der Dichter geht — das hat Zarncke PBB II, 774 nicht richtig hervorgehoben — von einer kurzen Betrachtung über sich selbst auf eine solche seiner Umgebung über, um am Schlusse seines Gedichts auf sich selber zurückzulenken. In den beiden ersten V. wundert er sich, wie rasch seine Jahre, wie rasch sein Leben verflogen sei: er muß es geträumt haben. Er schaut um sich und findet nicht nur sich selbst alt geworden, sondern auch die Welt völlig verwandelt. So fremd steht sie ihm gegenüber, als sei er aus langem, langem Schlafe erwacht, während dessen sich Alles so gewandelt. Das 'getroumet' von V. 2 und das 'gesläfen' von V. 4 bezeichnen Verschiedenes und beide Worte stehen an ihrem Platze. Bei jenem ist an Traumbilder, vergleichbar den in der Erinnerung schnell auf einander folgenden Lebensereignissen, bei diesem an ein bewußtloses Schlafen gedacht. So der greise tiefsinnige Walther, der sich zur Ewigkeit hinüberzugehn rüstet,

---

[1] Das deutsche Mittelalter kannte ja auch bestimmte Ursachen von Täuschungen im Schlafe. In Irregang und Girregar (Ga 56) schreibt Weiberlist wie anderwärts den Träumen die Schuld bösen Elben zu Als dort der Vater darüber tobt, daß ein Fremder in der Nacht bei seiner Tochter gewesen, sucht ihn seine Frau zu beruhigen mit den Worten (644): ' nu lâz dich niht berouben | diner wizze nim ir wâr, | dich hât geriten der mâr, | ein elbischez âz; | du solt daz übele getwâs | mit dem kriuze vertriben '. Sie erhält freilich die Antwort: 'Sêt, daz hât man von iu wiben, | swenne uns mannen iht geschiht, | daz ir immer des jiht | uns betriege der alp'. Sie erreicht indessen ihren Zweck, wie ihr Mann sich denn auch noch öfter überzeugen läßt, daß er 'elbisch' und von den ' übeln ungehiuren ' genarrt worden sei.

bei einem letzten müden Blick auf den bunten, trügerischen Wechsel[1]) im Diesseits!

Hartmann von Aue hat das Motiv mehr ausgebeutet, als er seinen Iwein unter abnormen Verhältnissen in Zweifel verfallen ließ. Die in Betracht kommenden 90 Verse (Iw. 3505—95) lassen des Dichters Bestreben, seine Erzählung psychologisch zu vertiefen, so deutlich hervortreten, wie selten. Man hat sie vielleicht noch nicht genug gewürdigt, wenn auch Lachmann schon hervorgehoben hat, daß „Iweins Lebenstraum unserm Dichter angehört, daß Chrestiens Darstellung hier wie immer kalt und oberflächlich ist". Wir haben es mit den Betrachtungen zu thun, die Iwein anstellt, als er, mit einer Wundersalbe bestrichen, aus seiner Tobsucht erwacht und sich allein am Waldesrand findet, neben sich ritterliches Gewand; die Dienerin, der er die Heilung verdankt, hat sich zurückgezogen und versteckt. Güth bemerkt dazu in seinem Aufsatz „Das Verhältnis des Hartmannschen Iwein zu seiner altfranzösischen Quelle" (Herrigs Archiv 46 S. 279): Beim Durchgehen seines Lebens „kehrt ihm allmählich die Besinnung zurück; er findet die Kleider und legt sie an, damit wird er schon mehr und mehr zum wirklichen Leben zurückgeführt, bis er dann die Jungfrau erblickt und nun vollends geheilt ist". Diese gelungene Erweiterung Hartmanns, „die uns die Genesung Iweins in ganz natürlicher, allmählicher Stufenfolge vorführt, ist wieder seinem Streben zu verdanken, alles übernatürliche auf möglichst einfache Weise zu erklären und so dem Zufall und der Willkür entgegen zu treten". Ich kann diese Erklärung nicht richtig finden; ein rationalistischer Zug ist bei Hartmann hier ebenso wenig wie anderwärts zu bemerken. Denn wie auch sonst unser Dichter Wundern durchaus nicht aus dem Wege geht, so läßt er Iwein durch die Salbe auf wunderbare Weise genesen, gerade so wie Chrestien. Als Iwein erwacht, ist er schon gesundet. Mit vollem Verstande sucht er sich über seine Lage klar zu werden. Seine Geisteskrankheit ist durch die Bestreichung seines Körpers gehoben, seine geistigen und seelischen Kräfte sind ihm durch dieselbe wiedergegeben. Aber sie zu üben, muß er erst wieder lernen; er muß sich in seine neue Lage erst allmählich finden und damit einen Ausgangspunkt für

---

1) Ein Vergleich des Traumes mit diesem leitet auch ein anderes Gedicht Walthers ein, das allerdings von Vielen für unecht gehalten wird (Lchm. 122, 24): 'Ein meister las, troum unde spiegelglas, daz si zem winde bî der staete sîn gezalt'. (Man nimmt an, daß hier auf Parz. 1, 20 ff. Bezug genommen wird).

sein ferneres Handeln gewinnen. Bei Chrestien nimmt Iwein die plötzliche Umwandlung in seinem innern Leben als etwas selbstverständliches; bei Hartmann kann er sich über den Zwiespalt zwischen seiner jetzigen Lage und seinem früheren Leben, an das er sich nach der Gesundung erinnert, ähnlich wie Walther, zunächst nur dadurch hinwegsetzen, daß er annimmt, dasselbe geträumt zu haben. Mit der wunderbaren Szene in Gottfrieds Tristan (294, 33 ff.), in der die Liebenden nach dem Genuß des Zaubertranks ihrer Leidenschaft inne werden und sie einander offenbaren, lassen sich unsere Verse bis zu einem gewissen Grade vergleichen. In beiden Fällen haben sich die Beteiligten mit einem von außen, auf übernatürlichem Wege und ohne ihr Wissen und Wollen in ihr Seelenleben hineingetragenen Element abzufinden, wobei sich dieses, anfangs unklar empfunden, zu immer größerer Deutlichkeit und Kraft emporringt. Nur läßt die völlige Verschiedenheit der Situation und Verhältnisse im Uebrigen und der geistigen und dichterischen Anlage Gottfrieds und Hartmanns einen Vergleich nicht zu zwischen der unnachahmlichen Zartheit und bezaubernden Liebenswürdigkeit jener Bekenntnisszene zwischen Tristan und Isolde und der frostigen Reflexion in dem Iwein-Monolog. Hier Ringen des Verstandes um Klarheit, dort die ersten Anzeigen einer zum Wahnsinn sich steigernden Liebesleidenschaft. — Beim Erwachen, sagten wir, ist Iwein schon genesen. Seine jüngste Vergangenheit ist ihm noch bewußt; aber auch die Erinnerung an seine früheren, glücklicheren, während der Tobsucht dem Gedächtnis entschwundenen Zeiten taucht jetzt wieder auf. Auf seinen Namen besinnt er sich zuerst; das ist psychologisch sehr richtig. Er sieht sich selbst so 'griulichen', er hat eben geschlafen: jene glänzenden Bilder können nur geträumt gewesen sein (V. 3505—14). Es war ein Traum, aber ein schöner Traum; Iwein will ihn noch einmal genießen. So folgt denn (— 3541) die kurze Erzählung seines vermeintlichen Traumes, d. h. der unklar aufdämmernden Erinnerungen. Sie reichen bis zu der Stunde, wo Laudine ihm ihre Huld aufsagte. Wir bemerken wohl, wie diese Erzählung dem Dichter eine willkommene Gelegenheit bot, den bisherigen Verlauf seiner Geschichte zu rekapitulieren. „Was habe ich aber von dem schönen Traume?" muß sich Iwein nun fragen. Ein Thor bin ich, da ich aus ihm erwache: 'er hât mich geäffet âne nôt. swer sich an troume kêret, der ist wol gunêret (— 3555)'. Trotzdem war der Traum nicht ohne Gewinn; ritterliche Sitten glaubt er gelernt zu haben: er sprach „mich hât geléret | mîn troum; des bin ich geêret, | magich ze harnasche komen. | der troum hât mir mîn reht benomen: | swie gar ich gebûret bin, | ez turnieret al mîn sin. | mîn herze ist mînem lîbe ungelîch: | mîn lîp ist arm, mîn herze rîch". (Vgl. im „Leben ein Traum" von Calderon, am Ende: „Was staunet Ihr mich an und preist | Als Tugend und als Weisheit, was ein Traum | Mich hat gelehrt!") Frischer Lebensmut und Lebenslust ist damit in des Helden Brust wieder eingekehrt; der zweite Teil des Romans ist eingeleitet; denn die Szene bedeutet die Peripetie des Ganzen. Er sieht neben sich herrenlose ritterliche Gewänder; nach kurzem Bedenken bekleidet er sich mit ihnen: 'dô wart er einem riter gelîch'. Er ist bis zuletzt der Meinung, einen Traum hinter sich zu haben; den wahren Sachverhalt hat er noch nicht erkannt. Und wir müssen es als einen entschiedenen Mangel bezeichnen, daß der Dichter seinen Helden nicht zu voller Klarheit sich durcharbeiten läßt, oder daß er nicht wenigstens angiebt, wie und wann Iwein später jene Traumvorgänge als seine wirkliche Vergangenheit erkennt und so erst sein neues Leben und Streben mit dieser in den richtigen Zusammenhang setzt. Aber Hartmann kommt gar nicht wieder auf dies ganze von ihm geschaffene Motiv zurück, sondern lenkt in die Bahnen seiner Vorlage wieder ein.

Die Stelle hat Nachahmung gefunden. In Wirnts von Gravenberg Roman V. 5800 ff. wird der schwerverwundete und während seiner Besinnungslosigkeit der Waffen beraubte Wigalois auch, als er wieder zu sich kommt, an seiner Herkunft und Vergangenheit irre und glaubt auch, sie nur geträumt zu haben, wie Iwein. Hatte sich aber bei dem Ritter mit dem Löwen die Annahme, daß er wohl in Wirklichkeit ein armer Bauer sei, ganz natürlich aus seinen jüngsten Erlebnissen im Walde ergeben, so verstehen wir nicht recht, wie der Ritter mit dem Rade plötzlich auf den Gedanken kommt: 'ich bin et sus ein arme man | und sol bûwen disen tan, | als mîn vater hât getân'. Der Monolog geht auch sonst ganz im Geleise Hartmanns. Neu und ein bemerkenswerter Fortschritt bei Wirnt ist es nur, daß eine 'tiure tasche pfellîn', die ihm seine Herrin 'ze stiure in den tôd' gab, und die er beim Tageslicht neben sich findet, ihn auf einmal aus allen Zweifeln reißt und ihn an die schöne Larie und all sein Unglück erinnert. Iwein hatte sich nur gefreut, in den schönen Kleidern, die neben ihm lagen, die ritterlichen Künste üben zu können, die er im Schlafe gelernt. Wir vermißten dort eben die völlige Rückkehr in die Wirklichkeit.

In der Crone Heinrichs v. d. Türlin (V. 8660 ff.) ist Gawein durch einen 'pôsûn' der Amurfina, die ihn an sich fesseln wollte, so 'sinnelos' geworden, daß er glaubt, schon immer Herrscher im Lande, seit dreißig Jahren Gemahl der zauberkundigen Dame zu sein und von der Serren zu heißen. Eines Tages aber kommt ihm bei Tisch eine Schüssel vor die Augen mit der Darstellung eines Sieges, den er einst über Amurfina's Vater erfochten. Darunter steht sein Name. Jener Ritter und seine Unerschrockenheit ist ihm nicht unbekannt: war er sein Kampfgenosse? hat er nur von ihm geträumt? Nein, er selbst ist ja jener Gawein. Er entsinnt sich recht wohl aller seiner sonstigen tapferen Thaten und Schicksale und zählt sie sich kurz auf. Den unheimlichen Zweifel, ob er wache oder träume loszuwerden, versetzt er sich mit dem vor ihm liegenden Messer einen schmerzhaften Schlag auf die Hand, daß die ganze Tafel erdröhnt; allgemeine Verwirrung; Gawein verlangt seine Rüstung und reitet von dannen trotz des Flehens seiner Gemahlin. Der Held, der hier nicht aus dem Schlafe erwacht, sondern aus einem verzauberten Zustand, denkt nur ganz vorübergehend an einen Traum. Seine früheren Erlebnisse läßt er nicht deshalb an seinem Geiste vorüberwandern, um einen Traum noch einmal durchzukosten. Seine Erzählung dient vielmehr schon, wie der schmerzhafte Schlag nachher, dazu, ihn über seinen wachen Zustand zu vergewissern, führt ihn auf seine vor der Verzauberung eingegangenen Verpflichtungen, wird ein Anstoß zu seinem Handeln: ein weiterer Fortschritt über Hartmann hinaus. Im übrigen aber ist die ganze Situation aufs engste verwandt mit den oben geschilderten, deren Eigentümlichkeit sich wohl so zusammenfassen läßt: Die im Zwielicht eines aufdämmernden Bewußtseins schattenhaft emportauchenden Erinnerungen stehen in scheinbarem Widerspruch zu den augenblicklichen Verhältnissen, so daß sie für Traumgebilde des eben genossenen Schlafs gehalten werden. Die Gedankenentwickelung, in welcher der Held, anknüpfend an diese Wahnvorstellung, sich bewegt, dient dazu, der Erzählung einen Ruhepunkt mit Ausblick nach rück- und vorwärts zu schaffen, und die Handlung in psychologisch richtiger und vertiefter Weise weiter zu führen. Sie ist nichts weniger als Selbstzweck.

Allgemein charakteristisch jedoch ist an diesen Beispielen, daß die Vergangenheit traumhaft verdämmert gegenüber einer als Wirklichkeit kräftig empfundenen Gegenwart. Nicht das Jetzt, sondern das Einst erscheint als Traum. Dem thatenfrohen Geschlechte jener

Zeit lag eine greisenhafte Anschauung, nach der das ganze Leben ein Traum sein könnte, durchaus fern (vgl. Rohde, Psyche S. 1 f.). Die Gleichheit von „ist mir getroumet mîn leben" im Jw. und „ist mir mîn leben getroumet" bei W., legt den Gedanken an eine gemeinsame Quelle des Epikers und Lyrikers nahe. Sind sie vielleicht durch eine Legende angeregt worden? Zu der religiösen Grundstimmung von Walter's Gedicht würde das passen.

B. Der Traum ein schöner Schein.

Iwein freute sich auch seines angeblichen Traumes. Die Täuschung durch Wahnbilder braucht, wenn sie angenehm war, nicht immer bedauert zu werden. Wer nicht geheimnisvolle Beziehungen zwischen der Zukunft und seinen Träumen gelten lassen und nicht zugeben will, daß die letzteren Blitzen gleich zuweilen das Dunkel der Zukunft aufhellen, kann doch den flüchtigen, freundlichen Schein, den sie in eine trübe Gegenwart werfen, dankbar hinnehmen. Man freut sich an den Bildern des Kaleidoskops, auch wenn man die Gesetze desselben kennt und weiß, welch ungeordnete, willkürlich gefärbte und gestaltete kleine Glasscherben durch gewisse Lichtbrechungsgesetze in reizvollen Formen und Farben erscheinen.

Oft freilich erscheint der Kontrast zwischen den herrlichen Bildern, von denen der Schlafende umgaukelt wird, und der rauhen Wirklichkeit, in die sich der Erwachte zurückversetzt sieht, komisch. Moralisten machen sich ihn gern zu Nutze. Im Welsch. Gast wird vom Mächtigen erzählt, der seine Feinde alle zu erschlagen vermeint V. 3485: 'swie schier er sie erslagen hât, | swenner smorgens ûf stât, | sô siht er sîner vînde maht, | die er sluoc durch die naht', wobei allerdings nicht ganz klar ist, ob von Träumen oder nur von freiem Gedankenspiel die Rede ist.

Einem blinden Diebe geschieht in einem Schwanke des Strickers (Hahn VIII) in der Nacht vor seiner Hinrichtung auch 'blindiu êre' (vgl. zu dem Ausdruck unser „blinder Lärm"). Der träumt, er wäre ein mächtiger Kaiser und hätte eine edle Kaiserin und von ihr zwölf Söhne, deren jeder wieder zwölf Kinder hätte. Und jeden von ihnen versorgte er mit einem Königreich. Bei Tagesanbruch freilich war seine Freude zu Ende, und er wurde gehangen. In gleicher Weise wird — das ist die mit unerbittlicher Logik aus der Geschichte gezogene Moral — der blind dahinlebende Sünder auch einmal von jähem Tode überrascht, und seine Fahrt mit dem Teufel zum ewigen Unheil wird noch schlimmer, als das Loos des blinden Diebes.

Daß dieser blind ist, liegt vielleicht nur daran, daß die Aehnlichkeit zwischen ihm und dem für sein Laster und sein wahres Heil blinden Menschen noch deutlicher sein sollte. Es ist aber merkwürdig, daß noch mehrmals in der mhd. Litteratur gerade vom Blinden gesprochen wird, in dessen ewiger Nacht der Traum Bilder auftauchen lasse: Vrîd. 55, 1 'dem blinden ist mit troume wol, | wachende ist er leides vol' (dazu Renner 7900); Reinfr. 3b 'sîn lop zergât alsam der troum, der blinden troumet umb ir sehen'. Wenn sonst der Erwachte enttäuscht darüber ist, daß die Außenwelt und sein Verhältnis zu ihr anders ist, als er geträumt, so ist es der Blinde noch außerdem deshalb, weil er sie nun nicht einmal sehen kann. Es sind also zwei Gedanken in einen verschmolzen. Wolfram mag, als er die Verse Parz. I, 20 ff. (vgl. dazu Germ. 37, S. 79; Herr. A. 90, 412) dichtete: 'zin anderhalp ame glase | gelîchet und des blinden troum, | die gebent antlützes roum, | doch mac mit stæte niht gesîn | dirre trüebe lîhte schîn' sich die Traumbilder des Blinden als besonders trüb und unsicher vorgestellt haben. Wahrscheinlicher noch ist mir, daß der Blinde mit etwas geringschätziger Bedeutung genannt war, damit er in Parallele träte zu den 'tumben liuten' (V. 16), vor denen das 'vliegende¹) bîspel' des Dichters gerade so 'wenken' könne, wie vor ihm die Traumschatten. Trotzdem können wir uns des Verdachts nicht erwehren, daß dem „Traum des Blinden" ein damals allgemein bekanntes, sozusagen geflügeltes Wort zu Grunde liegt. Sollte vielleicht die sprichwörtliche Wendung ein Rest davon sein, daß „Blind" in alten Sagen der Name eines Mannes war, der seinen königlichen Herrn auf Grund von Träumen zu warnen pflegte, und damit in Zusammenhang stehen, daß man in den Niederlanden „blinden Belien" nächtliche Gesichte zuschrieb? (vgl. Uhland, Kl. Schr. 3, S. 133—137 mit Anmerkungen).

---

1) Der Ausdruck ist in diesem Zusammenhang, wo Wolfram seinen Witz glänzen lassen will, ganz prägnant. Gebraucht der Dichter nämlich V. 6 das Gleichnis von der Elster, so denkt er nachher bei dem ganz schwarzen Gesellen stillschweigend an den Raben oder die Krähe, den Höllenvogel, und dann V. 13 an den weißen Himmelsvogel, die Taube. Dies unausgeführte Vogelgleichnis aber ist eben 'tumben liuten gar ze snel', sie können es nicht 'erdenken'.

Vorbildlich für die Situation vom Erwachen aus einem Traum, der Ersehntes und Mangelndes gegeben, war vielleicht Jes. 29, 8: ut sicut somniat esuriens et comedit, cum autem fuerit expergefactus, vacua est anima eius: et sicut somniat sitiens et bibit et postquam fuerit expergefactus lassus adhuc sitit et anima eius vacua est u. s. w. Im Welsch. G. 3851 ff. malt sich der Ehrgeizige im Traum aus, wie er beim Turnier glänzt: 'niemen rît im dâ gelîche, | er ist aller vrümkeit rîche; | des dunket im in sînem muot, | daz was ein troum harte guot; | daz adel uns alsam kan machen troumen'. Bei Notker (Piper II, 290 f) steht zu somnium exsurgentis (Ps. 72, V. 20): Also der troum des ûfstânten. Demo daz troumet, daz er scaz hábe unde nieth nehábet, so er ûfstât. —

Eine neue Wendung bei Ulrich von Lichtenstein (Lchm. 97, 13): 'also blüet mîn hôher muot | mit gedanken gegen ir güete, | diu mir rîchet mîn gemüete, | sam der troum den armen tuot'. So beseligt denn auch den Minnenden im Traume die hohe Herrin durch ihre Nähe, erweist ihm gar die längst erflehte Gunst, und ist sie auch vor den Augen des Erwachten zerronnen, so läßt sie, wenn nicht Dankbarkeit für das genossene Scheinglück, das bittersüße Gefühl der Wehmut oder eines kleinen Zorns bei dem Geneckten zurück.

Ehe wir zu der Behandlung unseres Motivs bei den Minnesingern übergehn[1]), müssen wir, um ihre Eigenart recht verstehen, würdigen und, besonders gegenüber derjenigen der Provenzalen, abgrenzen zu können, uns erst klar werden, welches die Grundauffassung vom Wesen des Traumes in den bisher betrachteten Beispielen und bei den Troubadours ist. —

'Daz adel uns alsam kan machen troumen'! hieß es im W. G. 3855. Was bedeutet das? Doch nichts anderes, als: „daß einem Ritter mit so viel vornehmeren Beschäftigungen und so viel edlerem

---

[1]) Nur der Eingang eines der Carm. Bur. (Litt. Ver. 16, S. 228, Nr. 165) sei hier gleich erledigt: 'Prata iam rident omnia, | dulce est flores carpere, | sed nox donat his somnia, | qui semper vellent ludere'. Die Verse sind sicher nicht Uebersetzung aus einem deutschen Liede. Ich habe in der mhd. Lyrik nichts ähnliches gefunden. Es scheinen die 'lasciva phantasmata noctis' gemeint zu sein, vor denen sich zu hüten, die Kirche mahnte (vgl. Roethe, AfdA 16, 87). Das ganze Lied könnte ursprünglich an die heilige Jungfrau gerichtet gewesen sein. Wir brauchen nur für 'Venus mihi subvenias' (1, 6) 'Maria mi s.' einzusetzen und die V. 3, 5—7 für interpoliert zu halten; sie passen nicht in das Lied und erinnern stark an Hor. Carm. I, 9, 4 f. — Ueber die Wiedergabe des Traums der Hero in dem pseudoovidischen Briefe 19, 59. 65 in einem Abenteuer vgl. Bartsch, Albrecht v. H. S. XXXV.

Vorstellungs- und Erfahrungskreis und diesem entsprechenden Wünschen und Hoffnungen doch auch so viel stolzer träumt, als anderen Menschen! Zu Grunde liegt also die Idee, daß im Traume sich nur die Gedanken des Tags fortspinnen, wie das der spätrömische Dichter Claudian so hübsch und kurz ausdrückt:

Omnia quae sensu volvuntur rota diurno
Pectore sopito reddit amica quies (Riese, Anthol. lat. II. 1. II. S. 105)

Satiriker, die selbst Traumverirrungen geißeln wollten, da sich in ihnen der Ehrgeiz und die thörichten Wünsche der Wachenden verrieten, konnten ja auch keine andere Vorstellung, als diese gebrauchen. Sie fanden sie zudem in ihren Quellen vor, die sie mehr oder weniger frei, wie wir sahen, benutzten. Die Bedeutung des subjektiven Traums, wie wir kurz sagen wollen, war aber dem Worte 'troum' vielleicht ursprünglich nicht eigen; jedenfalls hat es dieselbe nicht in den uns erhaltenen Traumgedichten der Minnesinger, welche einen anderen Ausdruck dafür verwenden. In der oben zitierten Stelle aus Lichtenstein vergleicht der Liebende seine Gedanken mit dem Traum des Armen, und im Folgenden will er nicht weinend erwachen. Aus den Gedanken? Ja, und das ist nicht so bildlich gemeint; wir dürfen nicht vergessen, daß das Wort etwas anderes bedeutete, als heute. In dem schönen Artikel „Gedanke" im D. Wb. (IV 1a, S. 1941) wird nachdrücklich betont, daß der Sitz oder die Werkstätte der Gedanken im Laufe der Zeit eine Verschiebung erfahren habe und zwar aus dem Herzen ins Gehirn, daß mit dieser aber auch (S. 1947) das Wort „Gedanke" seinen Wert und Inhalt verändert, verschoben habe, daß sie im MA. nicht Erzeugnisse des Verstandes, sondern des Herzens, Gefühls, daß sie Bilder in der Seele waren. Wir übersetzen das Wort oft am besten mit „Phantasie, Traum, Träumerei" (vgl. auch Burdach, Reinmar und Walther S. 145 f., besonders auch die Anm. S. 146) und „Empfindungen". So ist denn in Vríd. 22, 16 'gedanke unt troume sint sô vrî, | si sint den liuten swære bî' der Traum nach der subjektiven und objektiven Seite auseinandergelegt. Die Thätigkeit des Herzens, das seine Gedanken ausgeschickt hat, schildert uns Lichtenstein 549, 1 ff.: 'Swenn ich durch slâf al eine lige, | gemaches an dem bette pflige, | so muoz daz sende herze mîn (in dem die Geliebte eingeschlossen und versiegelt ist) | mit ir vür wâr unmüezic sin, | mit ir ez vil unmuoze hât, | mit spilenden ougen umbegât ez mit ir sus unde sô, | si sint dâ mit ein ander vrô'. Aus der in den ersten Versen gegebenen Situation können wir schließen, daß den Dichter im Schlafen diese Phantasien beschäftigen; im Welsch. G. 3485 war Aehnliches, weil unwesentlich, ebenso unklar gelassen. Zahllos aber sind bei unseren Minnesingern die Beispiele von wachen Träumen, die mystisch (vgl. Bock, Q. F. 33, S. 35 Anm. über Augen des Herzens in der älteren religiösen Poesie) wie Aetherwellen die Liebenden verbinden. — Ein Gleiches finden wir bei den Troubadours. Wie eng vergleichen sich den oben angezogenen Strophen Lichtensteins Stellen wie (nach Diez, Poesie d. Tr. S. 153 ff.) Arnaut von Maroill: „Oft wind ich mich im Schlaf, indem ich froh | Mit euch zu scherzen und zu lachen wähne; | Erwach ich dann, seh und erkenn ich klar, | daß ich mich trog, so wird der Scherz zur Thräne" oder Bernart von Ventadour: „Als bester Liebesbote gilt | Mir mein Gedanke, der ihr Bild, | das liebliche mir stets erneut" oder derselbe: „Sieht, Herrin, euch mein Auge nicht, so wißt doch, daß mein Herz euch sieht" woran sich die Idee knüpft, daß die Geliebte im Herzen des Liebenden wohne. Rambaut v. Orange sagt in dieser Beziehung scherzhaft: „Euch, Herrin, kann ich ohne Kleid in meinem Herzen deutlich sehen". Endlich ist noch anzuführen (nach Michel, H. v. Morungen und die Troubadours QF 38, S. 156): „In Gedanken liebkose und umarme ich euch, auch so ist mir das Lieben süß und lieb und gut, und kein Eifersüchtiger kann es mir verbieten". Die Aehnlichkeit ist so groß, daß eine direkte oder indirekte Beeinflussung des deutschen Dichters durch die Troubadours hierin möglich ist.

Geben wir das bei diesen subjektiven „Träumen" zu, obgleich der Einfluß der lateinischen, internationalen Kirchenlitteratur noch in Frage kommt (vgl. Bock a. a. O.), so können wir uns nicht damit einverstanden erklären, daß auch das Traummotiv im engeren Sinne bei den Minnesingern, außer höchstens bei Hausen, vom westlichen Ausland entlehnt sei. Hier trat die specifisch deutsche — um von den übrigen Germanen abzusehen — Auffassung vom Wesen des Traums in ihr Recht, die sich von der romanischen wesentlich unterscheidet. Sie prägt sich schon im Sprachgebrauch aus. Während die Romanen das persönlich gebrauchte lat. 'somniare' weiter entwickelt haben, ist die ahd. und mhd. Wendung unpersönlich. Man sagte bekanntlich nicht „ich träume", sondern „mir träumt", „mir ist geträumt" oder viel seltener „mir hat geträumt" (Genes. 80, 32; Iw. 3577; Ls. 2, 225; Wolfd. B. 760, 1; eine Bedeutungsverschiedenheit zwischen diesen beiden Sprechweisen, wie sie Bonocke in der Anm. zu Iw. 3577 zu fühlen glaubte, kann ich nicht finden); ferner „mir ist ein Traum geträumt" oder „mir träumte ein Tr." (Helmbr. 580, 603; Engelh. 5555; Stricker III 99; Strick. K. 8499; Wolfd. D 1796, 3; 1943, 1). Man brauchte ferner Wendungen wie: „ein Tr. kam mir im Schlafe vor" (Troj. 353) oder einfach „es kam mir vor, es sollte etwas geschehen" (Herb. 9605; 9613; 18394; Osw. 2265; Genes. 74, 8) oder „es war mir im Tr." absolut und ohne Nachsatz (Veld. Serv. Kürschner II 1893). Ortnit sagt „mir ist ein Tr. bekannt" (Ortn. 73, 1); „mit einem Traum umgehen" wird in der Kr. 13307 gesagt u. s. w. Wollte man die schwerfälligen, unpersönlichen, intransitiven Ausdrücke vermeiden, so half man sich mit 'ich sach einen tr.' = somnium vidi (Genes. 74, 1. 80, 20. 83, 2. Kchr. 529; 14204) oder 'ich sach (ersach) in tr., slâfende in tr., in mînem tr.' Notker giebt 'somniatis tamen vestrum principium' (Boet. III 26, Piper I 139) wieder durch: 'doh kesehent ir io samoso durh troum iuuer ánagénne'. Endlich stand noch das uncharakteristische 'mich dûhte' zu Gebote. —

In solchem Sprachgebrauch offenbart sich eine ältere, naivere Vorstellungsweise, nach der die Träume dem Menschen in geheimnisvoller Weise als etwas fremdes objektiv entgegentraten. Und diese ist noch in den wenigen Minneliedern, die das Traummotiv bieten, supponiert, weil dieselben, wie wir im Folgenden zeigen wollen, vielleicht mit Ausnahme eines Hausenschen Gedichts, auf dem Boden der autochthonen Poesie erblüht sind. Wenn wir das Vorkommen von unhöfischen Worten und Wendungen zur Stütze unserer Ansicht anführen könnten, würden wir uns freuen. Ihr Mangel beweist nicht gegen dieselbe, sondern nur für die Kunst unserer Dichter im Ueberarbeiten nach den Gesetzen der höfischen Technik. —

Das älteste der uns erhaltenen Traumgedichte von Minnesingern ist das Friedrichs von Hausen MF 48, 23—31, in welchem der Schlummernde den Anblick seiner Dame genossen hat, mit dem Erwachen aber hat aufgeben müssen. Trotz, oder wegen seiner Kürze ist die Interpretation des Liedchens nicht ganz einfach. Zunächst hat man in V. 29 die Lesart der Hss. 'von der mir fröide solte komen' an Stelle des in MF emendierten 'fröide kóm', das metrisch wie inhaltlich nicht geboten ist, zu rehabilitieren, wie das bei Bartsch D. L. S. 21 auch geschehen ist. Freilich darf der Vers dann nicht so verstanden werden, als wenn der Dichter an den Traum die Erwartung knüpfte, von der erschienenen

Frau künftig Freude zu haben; er würde dann besser gesagt haben: 'von der mir fröide komen sol'. Sondern entweder ist 'solte' einfaches prt. und bedeutet beinahe dasselbe, wie das konjicierte 'fröide kôm', nämlich: „von der ich Freude haben durfte", oder es ist opt. Es ist uns von Wert, gleich hier feststellen zu können, daß bei dem Minnesinger eine prophetische Bedeutung des Traums ganz fern liegt. Derselbe hat seinen Wert in sich, als schönes Bild, als Traumbild im eigentlichen Sinne des Wortes[1]). Der Dichter hat sich an der Erscheinung gefreut, aber nun, da sie ihm entschlüpft, ist er mißgestimmt. Ob er seinen Augen deshalb zürnt, weil sie ihn der Täuschung inne werden ließen, wie R. Becker will (Altheim. Minnes. S. 193) oder auch deshalb, weil sie ihm überhaupt das Trugbild vorspiegelten — wir haben V. 30 mit den Hss. 'tâten' nicht 'tuont' zu lesen —, weiß ich nicht. „Jedenfalls seien sie verwünscht, diese Augen!" Einfach-innig, wie Burdach (Reinmar S. 36), kann ich diesen Schluß nicht finden. Aber Hausen hat es nun einmal auf die Augen abgesehen, MF 52, 25 möchte er der Minne 'ir krumbez ouge ûz gestechen'; daß ihm seine Augen viel zu Leide gethan, darüber beklagt er sich auch 47, 15; dankbarer für einen lieben Wahn, zu dem sie ihm verholfen, ist er 45, 32—34 (vgl. PBB II, 391). Die Verwünschung am Schluß eines Liedes mit freundlichem Inhalt paßt übrigens auch zu Hausens Art, „mit entgegengesetzten Gedanken gleichsam zu spielen" (PBB II, 401). —

Wer ist nun 'ein harte schoene wîp'? Müllenhoff (ZfdA. 14, S. 138) sieht darin ein bezauberndes Frauenbild, dessen Ebenbild der Dichter bald in der Wirklichkeit gefunden haben wird. Dagegen bemerkt Paul (PBB II, S. 449), daß mit dem Weibe die Geliebte gemeint sein kann[2]). Diese Deutung ist unzweifelhaft die richtige, wir werden sie durch unsere weiteren Erfahrungen bestätigt finden. Man könnte den V. 28 dagegen anführen; von seiner Geliebten müßte Hausen doch wissen, wo sie sich aufhielte;

---

1) Vgl. Parz. 245, 9: 'sus wart gesteppet im sîn troum | mit swertslegen umbe den soum | dervor mit maneger tjoste rîch'. — Ob Tit. 120, 5 ff. (J) inhaltlich deutschen oder romanischen Ursprungs ist, können wir nicht bestimmen, weil das Motiv zu kurz behandelt ist.

2) Der Zusatz „die nur aus Zartgefühl nicht bestimmter bezeichnet wird" trifft allerdings nicht ganz zu, da 'ein wîp' die Bekannte, Auserwählte ist. — Wird mit dem Gedicht nicht auf eine Dame hingedeutet, die der Dichter und wir erst näher kennen lernen sollen, so ist kein Grund vorhanden, dasselbe, wie Müllenhoff a. a. O. will, für Einleitung und Ankündigung in einem Liederbüchlein zu halten.

aber darauf bezieht sich der V. gar nicht, sondern auf das Idol, von dem der Erwachte nicht weiß, wohin es gekommen ist.

Wird nun das Motiv, dessen Behandlung, wie wir sahen, specifisch Hausen'sches Gepräge trägt (auch hinsichtlich der Reime, vgl. PBB II, 346, und der Reimstellung, vgl. a. a. O. 376; Einstrophigkeit nur noch 47, 33—48, 2 und 53, 31—38, vgl. S. 380) dem westlichen Ausland entstammen?

Nach dem oben über den Charakter der Traumgedichte der Provenzalen Gesagten sind wenigstens Bedenken möglich, obgleich ja Hausens starke Abhängigkeit von den Troubadours bekannt ist, und er gerade sein Lieblingsthema, mit der Geliebten in Gedanken zu verkehren, wohl ihnen verdankt. Wir wollen nicht geltend machen, daß das Motiv Jedem, der von Liebe singt, sehr nahe liegt, wie ein Blick in moderne Lyrik zeigt. Aber auf deutschem Boden begegnen wir vielem Verwandten, das sicher autochthon ist. Als Kommentar zu unserem Liedchen kann die 48. Str. eines langen Liedes im Titurelstone von einem Anonymus dienen HMS III 436:

> Ich muoz ersiufzen dicke
> die tage sunder lougen
> durch herte jâmers stricke;
> unt wenne ich slâf, si gêt mir für diu ougen
> der zarten schoenen klârheit unverborgen:
> unt wenne ich denne erwache unt vinde niht,
> sô hebt sich niuwez sorgen.

Zwar könnte man auch hier wieder an die Troub.-Poesie als die letzte Quelle denken. Aber das 'si gêt mir für diu ougen' erscheint mir wesentlich, erscheint mir deutsch. Die Erscheinung zaubert sich der Liebende nicht herbei, sondern sie tritt gewissermaßen von freien Stücken vor ihn hin, sie ist — um den kurzen Ausdruck beizubehalten — objektiver. Und so kommt sie mir auch in Hausens Liedchen vor. Sind hier Zweifel noch berechtigt, so haben wir sicheren Boden unter den Füßen, wenn wir für das Traummotiv in Morungens Gedicht MF 145, 1—32 deutschen Ursprung in Anspruch nehmen, so unwahrscheinlich derselbe auf den ersten Blick scheint. Bartsch hat nämlich (Germ. III, S. 303 ff.) als die in Form und Inhalt nachgeahmte Vorlage dieses Liedes eine provenzalische Canzone nachgewiesen, die in einer provenzalischen Hs. überliefert ist und vermutlich von einem Italiener stammt. Machen wir uns mit dieser erst in einer ganz wörtlichen

Uebersetzung ¹) bekannt, ehe wir an eine nähere Untersuchung gehen:

1. So geschieht mir, wie dem kleinen Kinde,
das im Spiegel sein Gesicht betrachtet
und nun darnach tastet und so lange es angegriffen hat,
bis der Spiegel zerbricht durch seine Thorheit;
dann beginnt es zu beweinen seinen Schaden:
ganz ebenso hatte mich bereichert
ein schönes Bild, das nun von mir geschieden haben
die Kläffer ²) durch ihre falsche Gemeinheit.

2. Und dadurch habe ich große Sorge gewonnen,
und dadurch fürchte ich ihre Freundschaft zu verlieren,
und das macht mich singen um der Sehnsucht willen:
denn die Schöne hat mich so sehr besiegt und fesselt mich,
daß ich durch meine Augen fürchte mein Leben zu verlieren,
wie Narzissus, der in dem klaren Brunnen
sah seinen Schatten und ihn liebte ganz und gar
und durch thörichte Liebe starb auf solche Weise.

3. Wohl wäre ich nach ihrer Verzeihung begierig,
denn falsche Kläffer haben sie von mir geschieden.
Gott gebe ihnen Unglück; denn ohne die verhaßten
hätte ich große Freude von ihr und großes Vergnügen.
Erinnert Euch, Schöne, an die süße angenehme Stunde,
da Ihr mich küssen ließet Eure schönen Züge:
das hält mich in Hoffnung fröhlich,
daß unsere Liebe glücklich geendet werde.

4. Zu der Schönen sollst du hingehen, mein Lied,
und sag ihr, daß ich hier der Freude bar bin,
wenn mir nicht zurückkommt irgend welche gute Freude.

Bartsch findet, daß die 1. und 3. Str. Morungens zu der 1. und 2. des Originals stimme. Was sonst dem einen von beiden Gedichten, mit dem anderen verglichen, fehlt, ist verloren gegangen, so ist sein naheliegender Schluß. In der Canzone, wie wir das provenzalische Lied kurz nennen wollen, müssen daher 2 Str. verloren gegangen sein, nämlich die, welche der 2. und 4. Morungens entsprechen; bei M. nur eine, der dritten des Troubadours parallele. Mit Hilfe beider Gedichte wäre also das ursprüngliche zu rekon-

---
1) Ich verdanke dieselbe meinem Freunde Dr. phil. Georg Schläger.
2) Der Ausdruck trifft freilich nicht genau das prov. 'lauzengier'.

struieren. Nun aber macht die Canzone einen nichts weniger als torsoartigen Eindruck, sondern hat einen vollkommen geschlossenen, einheitlichen Charakter. Daß die Herrin dem Dichter auf boshafte Verleumdung hin ihre Huld entzogen, hören wir in der ersten Str. Leidenschaftliche Sehnsucht droht ihn zu töten, wie den Narzissus einst die wahnsinnige Liebe zu seinem eigenen Bilde, das er in der Quelle sah: so in der zweiten Str. Verderben wünscht er in der dritten auf seine Verleumder herab; für sich aber erfleht er und hofft er Versöhnung und Wiederkehr schöner Stunden. Die Sendung des Liedes an die Geliebte, das Geleite schließt das Ganze. Also mit froher Zuversicht klingt das Lied aus. Wie paßt der Schlimmes bedeutende Traum, wie überhaupt die hoffnungslose Stimmung des deutschen Gedichts da hinein? Das Mehr auf der Seite des letzteren ist nicht durch mangelhafte Ueberlieferung der Canzone, sondern als Zutat M.'s zu erklären. Bei dieser aber hat unser Thüringer Dichter ein Volkslied benutzt, dessen späten Sprößling oder jüngeren, einer Seitenlinie angehörigen Verwandten uns die Heidelberger Hs. 343 erhalten hat (Erk-Böhme, Liederhort 447 c). Sein Inhalt läßt sich kaum kürzer zusammenfassen, als ihn das Gedicht selbst erzählt:

1. Ich saß und was einmal allein
   in einem stübelein,
   do sah ich zu der tür hinein
   die allerliebste mein.
2. Von herzen was ich nie so fro,
   wust selber nit wie mir was,
   ich gieng zu meinem feinen bulen,
   ich nam sie in den arm.
3. Grüß dich gott, mein feines lieb!
   wie stet unser sach?
   ich sichs an deinem mündelein,
   dein herz leidt ungemach.
4. Dein mündlein ist verblichen
   ist nimmer als rot als vor;
   do ich dich zum ersten mal lieb gewan
   ist lenger dan ein jar.
5. Und wer mir trauren helfen will,
   der heb ein finger auf!
   ich sehe vil finger und wenig trou,
   drumb so hör ich singens auf.

Der Anschluß an das Volkslied beginnt bei M. mit dem ersten Vers der zweiten Str. oder auch schon mit dem letzten der ersten. Der Zug, daß Frau Minne ihm die Traumerscheinung gebracht, gehört natürlich dem höfischen Dichter an, der sie auch an andern Stellen erwähnt. Was naiver Sinn einfach als Thatsache hinnimmt, dessen Entstehung wird hier zwar nicht erklärt, aber allegorisch umschrieben. Die Teilnahme der Göttin dient weiter dazu, dem ganzen Vorgang eine erhöhte Bedeutung zu geben, wie es ja auch die Dame, nicht ein Mägdlein ist, die ihm naht. Der begeisterte, eines höfischen Lyrikers würdige, in seinen Wendungen aber für Morungen charakteristische Preis von der Herrin Schönheit findet im Volkslied sein Widerspiel in der einfachen Freude beim Anblick der Geliebten. Auf sie zugehen und sie umarmen konnte der höfische Dichter nicht, am wenigsten ein Morungen. Denn er liebt es anzuschauen, die Geliebte in der Phantasie sich gegenüber zu stellen. Diesem Bedürfnis konnte er aber hier am besten Genüge thun, daher auch das zweimalige 'sach'. Ihm kam es nicht so sehr auf den Vorgang mit seinen bestimmten Voraussetzungen an, wie ihn das Volkslied erzählt. Das Ganze tritt vielmehr in den Rahmen eines Bildes zurück, wird zum Gemälde, an dessen Betrachtung sich Empfindungen knüpfen. Interessant ist es, das Verfahren Morungens in den nächsten Versen zu beobachten. In der Canzone ist der Dichter um die Huld seiner Dame durch Verleumdung gekommen; die Angebetete fühlt sich aber, scheint es, ganz wohl dabei. Morungen teilt nicht die Ursache der Entfremdung mit, läßt aber diese doch als Thatsache bestehen; er seinerseits giebt sich zwar keinerlei Hoffnungen hin, aber aus dem ganzen Gedicht sonst bis auf die V. 15—21, gewinnt man doch nicht den Eindruck, als wenn seine Geliebte unglücklich wäre. Auf Herzeleid des Mägdleins deutet nun aber die Erscheinung im Volkslied. Was thut M., um das Widersprechende in den beiden Teilen, die er amalgamieren will, zu beseitigen? Den Vers „Dein Herz leidet Ungemach" oder was dafür gestanden hat, läßt er weg und zerdehnt dafür den vorhergehenden auf zwei. Dafür, daß das Mündlein verblichen und nicht mehr rot ist wie zuvor, setzt er die Befürchtung ein, daß das geschehen könnte. Er übernimmt zu diesem Zweck einen Vers (17) aus der romanischen Quelle (2, 1) und zieht dafür wieder zwei Verse des Volkslieds in einen zusammen. So hat er das Erschreckende an dem Traumbild zu mildern gesucht, aber nicht beseitigt. Dem von ihm hereingetragenen Motiv widmet er dann noch die nächsten Zeilen. Wo der Provenzale von Sehnsuchtsliedern, von Besiegung und Fesselung durch die Schöne erzählt, da ist beim Deutschen von Klage und Kummer die Rede. Der Anblick der Angebeteten verzehrt beim Troubadour den Minnesiechen. Indem M. leise ändert 'daz ich durch mîn ouge schouwe sülche nôt', giebt er höchst geschickt eine Richtung auf sein Traumbild, das sich in der That viel besser dem Bild im Brunnen vergleicht. Das Narzissusbild übernimmt er so gut wie wörtlich aus dem romanischen Liede. Dagegen ersetzt er die Verwünschungen auf die Verleumder, von denen er überhaupt nicht gern spricht (vgl. Schütze, die Lieder H.'s v. M. auf ihre Echtheit geprüft c. 8), und die Erinnerung an die schönen Stunden, was in der Canzone den größten Teil der letzten Strophe füllt, durch ein Lob seiner Herrin, die er meiden müsse, und von der er doch nicht lassen könne. Die letzten heiteren Zeilen dort benutzt er, giebt ihnen aber einen entgegengesetzten Sinn.

Was hat nun wohl M. zu dem eigenartigen Versuch veranlaßt, in die Canzone Bruchstücke aus einem deutschen Volkslied hineinzuarbeiten? Der Kummer des Mädchens im Volkslied scheint dadurch hervorgerufen zu sein, daß sie einem Andern gehören soll; wenigstens heißt es in einem nahe verwandten Liede EBL 447e: „daß ich mich von dir wenden muß, | das haben meine Freunde Schuld. | Ich sollt einen andern nehmen, | der reicher wär als du" (vgl. b 6; d 5). Dadurch ergiebt sich schon große Aehnlichkeit mit der Canzone. Einen weiteren Grund oder doch eine Möglichkeit jener Amalgamierung kann man in Folgendem finden.

Die Bilder der Canzone, sowohl das vom Narzissus, als das zu Eingang hat der bilderfrohe Dichter am getreuesten übersetzt [1]). Nun, mögen sie an sich sehr hübsch sein, so passen sie doch ganz und gar nicht; besonders nicht das erste. Denn welches sind die Vergleichungspunkte zwischen dem thörichten Kinde, das nach seinem Bilde im Spiegel greift und diesen dabei zerbricht, und

---

1) Michels Verhalten zu dieser Stelle ist mir völlig rätselhaft. Nachdem er zu Eingang seiner Arbeit (H. v. M. und die Troubadours QF 38) darauf hingewiesen, daß Bartsch ein provenzalisches Original für unser Gedicht gefunden hat, macht er im Späteren (vgl. S. 210 f, 220 f, 251) gar keinen Gebrauch von dieser Entdeckung, sondern giebt für Partieen, die reine Uebersetzungen sind, die künstlichsten Erklärungen, die er selbst zweimal gegen den Vorwurf allzugroßer Abenteuerlichkeit in Schutz nehmen zu müssen glaubt.

andererseits dem Liebenden, den die Bosheit der Verleumder von seiner Dame trennt? Ein Liebender dagegen, der sich durch die Traumerscheinung seiner Angebeteten täuschen läßt, besonders wenn die Vorstellung hinzutritt, wie in einer nachher zu besprechenden Neidhardstelle, daß vor den sehnsüchtig ausgebreiteten Armen die Gestalt zerrinnt — ja, das schließt sich schon besser an das Gleichnis vom Kind und Spiegel an. Daß es sich aber im Volkslied um ein Traumgesicht handelte und Morungen „in troumes wîs" — den Ausdruck vermag ich nur noch aus dem Trudberter Hohenlied Haupt S. 30 und 35 zu belegen — und „dô mîn lîp an slâfen was gekêret" nicht von sich aus zugefügt hat, werden wir unten noch zeigen. M. brauchte die Traum und Spiegel verbindende Ideenreihe in gewisser Weise nicht zuerst und selbständig zu durchwandern; beide finde ich in sprichwörtlichen Redensarten seiner Zeit zweimal zusammen genannt: Parz. I 20 und Walther 122, 24 (vgl. o. S. 5), außerdem vgl. den oben herangezogenen Schwank des Stricker, Hahn III, in dem die Schatten im Wasser den Traumbildern gleichgestellt werden. Nun paßt auch besser das zweite Bild von Narzissus. Indem M. für diesen Namen 'ein kint' einsetzt, wird dies Gleichnis dem ersten angenähert. Wie der V. 21 in das Geleis der Canzone zurückleitet, so führt V. 7 aus demselben heraus; er umschreibt dabei doch noch das provenzalische 'us bels semblans'. Der Aerger über die 'enojos' und 'lauzengiers' dort macht hier stiller Ergebung in das Schicksal Platz.

Wenn es von vornherein klar war, daß unserm Minnelied gegenüber die Priorität dem Volkslied zukommt, so ist uns durch die vorstehende Betrachtung ferner deutlich geworden, daß die so auffallend übereinstimmenden Verse 15 — 18 bei M. nicht etwa später interpoliert sind. Nicht ein Sammler hat mit ihnen eine Lücke ausgeflickt, sondern der Dichter selbst hat sie eingefügt und das ganze Lied darauf angelegt. Die Eigentümlichkeiten der Darstellung sprechen durchaus für die Autorschaft M.'s.[1]) Herrn Reinmar

---

[1]) Das Verhältnis M.'s zu der Volkspoesie, diesem herrenlosen und für jeden Benutzer vogelfreien litterarischen oder nichtlitterarischen Gute, muß man sich sehr eng vorstellen; darauf werden wir mehr und mehr hingewiesen. Ich halte es nicht für Zufall, daß Uhland als Parallele zu der letzten Str. des Liedes Uhl. 47 C. gerade MF 146, 2—10 in erster Linie heranziehen mußte (Schr. IV, S. 41). Wie volkstümlich klingt die vorhergehende Str. MF 147, 33—148, 2! vgl. Uhl. Schr. III, S. 398 f. Daß dem Volkslied zu M.'s Zeit schon eigen war, den Schluß des einen Verses zu Beginn des nächsten fast

von Hagenau, dem die Hs. e das Lied beilegt, kann dasselbe am allerwenigsten zugeschrieben werden. Wir werden vielleicht mit der Vermutung nicht irre gehen, daß wir es mit einem Jugendwerke des Dichters zu thun haben. MF 138, 17—139, 18 erscheinen Motive daraus vergeistigter und einheitlicher verbunden. (Vgl. besonders 138, 25—27: swenne ich eine bin, | si schînt mir vor den ougen | sô bedunket mich, | wie si gê dort her ze mir aldur die mûren). Wir kommen damit in eine Zeit, deren Minnesänger die Dichtung der Troubadours unmittelbar nachahmen und durch gleichzeitige Anlehnung an die heimatliche Poesie ein Neues zu schaffen suchen. Für diese Tendenz in ihren Anfängen ist unser Lied ein typisches, greifbares Beispiel. Jenen Entwickelungsgang hat eben M. in seiner Jugend auch durchgemacht. Er kann recht wohl, wie Michel vermutet, auf dem Mainzer Hoftage von 1184 als junger Mann mit Troubadours und ihren Liedern bekannt geworden sein und kann da auch jene Vorlage bekommen haben. Daß er das Bedürfnis hatte, dieselbe zu vertiefen, indem er aus dichterischem Gut der Heimat schöpfte, legt für dieses, wie für ihn ein schönes Zeugnis ab. —

Gab es denn aber zu Morungens Zeit schon ein Volkslied? Was haben wir uns unter einem solchen in so alter Zeit zu denken, woher stammt es, und wie kam es, daß es sich so lange im Gedächtnis des Volkes erhielt? Diese Fragen bleiben noch zu lösen und werden wir später zu beantworten versuchen. —

Der gleichen Pflicht werden wir uns im Zusammenhange damit den Volksliedern gegenüber entledigen, in denen Roethe AfdA 16 S. 79 den letzten Ursprung für eine Traumstrophe Walthers Lchm. 75, 17—24 sucht: Uhland 20 und 28. Diese Strophe ist, wie sie so leicht und schelmisch über die unerwarteten Wendungen, die sie bringt, hinweggleitet, ein kleines Meisterwerk Waltherscher Kunst. Durch das 'bî uns' wird uns ganz verstohlen mitgeteilt, daß es sich um eine erotische Situation handelt. Das letzte Ziel wird in den eigentlichen Minneliedern immer nur gewünscht oder gehofft. Die Erfüllung zeigt sich nur in Frauenstrophen, im epischen Tageliede und im Traumgesicht" (Wilmanns, Leben und Dichten Walthers v. d. V., S. 205). Aehnlich wird man dann nachträglich

---

wörtlich zu wiederholen, wundert uns nicht; denn es dient das demselben Zweck, nämlich das Zusammenhalten der Teile zu erleichtern, wie der Gebrauch der Allitterationspoesie, in der Mitte der Langzeile die alte Periode schließen und die neue beginnen zu lassen.

halb scherzhaft durch 'in troume' weiter aufgeklärt, und höchst pikant wird durch die Schlußzeile das Ganze zu einer Art Tagelied gestempelt [1]).

Einen anderen Traum erzählt uns Walther in einem Gedicht Lchm. 94, 11 in leichtem, frischem Tone. Ja, wir glauben es ihm, daß an solchem Sommertage, wie die erste und zweite Str. ihn schildern, wo Freude den Wanderer aus jeder Blume anlacht und Jubel von allen Zweigen ertönt, am murmelnden Wasser unter der schattigen Linde, als der Körper von Müdigkeit schwer und das Herz so unendlich leicht und weit war, daß ihm da träumen konnte von Himmelanschweben, von Freiheit und Herrschaft über alle Lande, ihm der ein König war im Reiche des Geistes und der Phantasie. Welcher Einklang zwischen der Natur und der Stimmung des Dichters! Und doch scheinen die Einzelheiten der beiden ersten Str. typisch und von unserm Dichter fast fertig übernommen zu sein. Die so ähnlichen Verse in einer Erzählung der Clara Hätzlerin II, 27 sind sicher nicht aus Walther entlehnt; und ebenso wenig die Schilderung einer gleichen Umgebung, in der Conrads Engelhart einen Traum hat (V. 5360). Nur wußte Walther die überkommene Form mit ganz anderem Inhalt zu füllen. In Conrads Novelle schwebt ein Engel vom Himmel herab und überbringt einen Befehl, gegen den sich alles natürliche menschliche Gefühl sträubt, wogegen unseres Dichters Seele sich in stolzer Lust zu Himmelshöhen emporschwingt. Das eben ist das Eigenartige des Gedichts, daß hier das Geträumte mit Bewußtsein und Stolz als Ausfluß der eigenen Phantasie hingestellt wird. Aus allen Himmeln ruft ihn auf die Erde hernieder das Gekrächz einer Krähe, das in den Gottesfrieden der Natur hinein ertönt. Wem es gefällt, mag darin eine spöttische Anspielung auf die weckenden Vöglein in den Tageliedern sehen, in erster Linie aber ist sie, wie man schon bemerkt hat, als Unglücksvogel aufzufassen. Welche köstliche Selbstironie in des Dichters heiligem Zorn über denselben! Ein Hauch Heine'schen Geistes durchweht das Ganze. Man könnte geradezu an die „Vision" jenes Spötters erinnern. In die lichten Höhen, in die sich Walthers Genius verloren, starrt verständnislos die Alte,

---

[1]) L. 75, 8, 'Ouwê gesaehe ichs under kranze' wird nicht, wie Wilmanns meint, Ausdruck eines freudigen Wunsches sein, sondern der Befürchtung, daß die wiedergefundene Geliebte einen Kranz trage, nämlich den, welchen ihr ein Anderer geschenkt, daß er selbst also zu spät gekommen sei.

indem sie ihre Ammenweisheit murmelt. Der aufgeklärte Mann, der in religiösen Dingen vornehme Toleranz zeigt, geht sonst auch mit Gutmütigkeit auf die abergläubischen Bräuche seines Volkes ein. Mit schalkhaftem Ernst setzt er sich und sucht durch Messen am Strohhalm zu ergründen, ob seine Herrin ihn liebt, ob nicht; durch ein günstiges Resultat beglückt, belehrt er uns schelmisch: 'dâ hoeret ouch geloube zuo'. Wie liebenswürdig erscheint er, wenn er sich nicht entschließen kann, gegen die, welche ihn im Winter der Freude beraubt haben, seine Flüche auszusprechen, aus Furcht vor den für die Schuldigen schlimmen Folgen. Walther verachtet nicht den Volksaberglauben, er spielt mit ihm. Hier aber, wo die gute Alte sich einbildet, ihre alten Formeln auf den Traum eines gottbegnadeten, mit seiner Phantasie über Zeit und Raum erhabenen Dichters so gut anwenden zu können, wie auf den jedes neugierigen Menschenkindes, da weist er, nicht mit dem frommen Biedersinn eines Hartmann, Wirnt und Anderer, sondern mit genialer Ueberlegenheit spöttisch die Beschränktheit seiner Zeit zurück.

Roethe leitet a. a. O. auch dieses Gedicht aus dem Volkslied her. Nach ihm hat sich dasselbe aus dem Thema des Liedes Uhl. 290 = EBL 912a: „ein altes Weib steht am Bette statt der geträumten Schönen" entwickelt. „Freilich", sagt er, „sind die im Volkslied durch den Gegensatz wirkenden Elemente bei Walther außer Zusammenhang gesetzt: er träumt — auch das kein alter Zug — von anderem Himmelsglück als von Liebe, und das alte Weib ist der Ausgangspunkt einer Satire mit anderer Spitze: gerade diese willkürliche Lösung des alten Bandes erweist, daß der Gedankengang des Volkslieds der ältere war." Es wird dazu herangezogen Hätzlerin 7, 17: 'mich daucht, ich wär in himels trôn und hett mein lieb umbfangen schôn'[1]). In der Hauptsache ist das richtig; wir kommen darauf zurück.

---

[1]) In einer Hs. des 15. Jh. von der Crone Heinrichs von dem Türlin giebt am Schluß ein Schreiber, vielleicht aber auch der Dichter selbst, in komischer Weise dem Wunsche lebhaften Ausdruck, von seiner 80-jährigen Lebensgefährtin befreit zu werden, ein Beweis für die Beliebtheit solcher Scherze schon in älterer Zeit. — Das Gefühl des Emporschwebens bei Liebesglück im Traume auch in der Str. Mittler 651, 3: 'Ich schlaff, ich wach, so ist sie die | Zu nechst mir an meim Hertzen leit, | Wie oft im Traum umbfach ich sie, | Schmuck sie und druck zu jeder Zeit. | So wen ich dan, ich schweb enbor, | Will sie, so ist mein glück hievor' u. s. w.

Die deutsche Auffassung, nach der die Traumgebilde mehr von außen an den Schlafenden herantreten, nach der insbesondere die Herrin ihren Anbeter besucht, um ihn zu beglücken oder ihm um so größere Enttäuschung beim Erwachen zu bereiten, kommt nach der letzteren, pessimistischen Richtung wieder zur Geltung in einem Liede Neidhards, Haupt S. 101, 20. Fortsetzung und Schluß nach Str. 2 bilden natürlich die beiden von Haupt im Anhang abgedruckten Str., die c überliefert und Goldast teilweise nach C mitteilt. Die im Text sich anschließenden haben gar nichts mit dem Gedicht zu thun. Zauberkünste, meint Neidhard, müssen es sein, die es der Unbarmherzigen möglich machen, auch den Schlafenden zu necken und zu quälen, so daß sein Haar grau geworden sei. Von ihrem unheilvollen Einfluß loszukommen, sieht er sich vergebens nach wirksamen und heilsamen Pulvern und einem kräftigen Segen um. Verwandten Inhalt hatte Hausens Liedchen und die bei dessen Besprechung angeführte höfische Str. HMS III, 436; auch die bei Walthers zweitem Traumgedicht genannte Volksliedstr. (Mittl. 651, 3) ist hier zu erwähnen. Im nächsten Verhältnis aber zu unserem Lied steht Uhl. 58 und darin besonders die 2. Str.:

> Wenn ich des nachts will schlafen,
> kumt mir mein feins lieb für,
> und wenn ich dann erwache,
> so find ich nichts bei mir;
> erst hebt sich an ein große klag,
> wenn ich von ihr muß scheiden,
> das macht mich alt und graw.

Wie Neidhard für sich von einem 'stüppe', so hofft hier in der folgenden Str. der Liebende für sich und sein Mädchen Trost von dem Heidenblümlein Wolgemut. Im Eingang wird hier vom Scheiden des Sommers, dort vom Sieg des Winters gesprochen. Daß dem Volkslied mit seiner freundlicheren Stimmung die Priorität zukommt, und es die mißvergnügte bei Neidhard einer Laune des Dichters verdankt, werden wir unten sehen. Denn wir werden zeigen, daß es zu den von Morungen und Walther benutzten volkstümlichen Traumgedichten tiefe Beziehungen hat. Wie wäre auch eine Bearbeitung seines Gedichtes mit einem solchen Resultat, wie es das Volkslied repräsentieren würde, denkbar!

Neidhard ist zu verärgert, um der Sache ihre gute Seite abzugewinnen. Heitereren Gemütes, als der oft so derbe Begründer der höfischen Dorfpoesie ist der Schenke von Limburg. Er erinnert sich mit einiger Freude seiner Träume und bedauert es, wenn dieselben abbrechen. Damit aber hängt es zusammen, daß sein Lied HMS I. S. 132 (Sît sich diu zît) in naher Beziehung zu einer besondern Gattung der mhd. Lyrik steht. Bei jener Fiktion, nach der im Traum ein Schattenbild, beinahe die geträumte Person selbst sich naht, mußte die Traumsituation sehr viel Aehnlichkeit mit der des Tageliedes bekommen. Sehr richtig sagt zwar W. de Gruyter (Das deutsche Tagelied S. 51): „Traumesglück der Liebe und Enttäuschung beim Erwachen schafft einen analogen Gegensatz von Freude und Leid wie der morgendliche Liebesabschied". Aber nicht nur die Gefühle sind in beiden Fällen ähnlich, man darf den Vergleich auch auf den Vorgang selbst ausdehnen. Der Vereinigung mit der Geliebten und dem Scheiden bei Tagesanbruch ist das Beisammensein mit dem Phantom und das Verschwinden desselben beim Erwachen ganz parallel. Legt man nicht allzu großes Gewicht auf den Umstand, daß hier die Dame den Ritter besucht, und nicht wie sonst in den Tageliedern der Ritter die Dame, so kann man unter ihren Begriff alle unsere Traumgedichte mit Ausnahme desjenigen von Morungen und des einen von Walther (94, 15) befassen, besonders wenn man ihn so weit nimmt, wie Gruyter und Roethe es thun. Ganz unzweifelhaft aber gehören in diese Kategorie Walthers erstes Traumgedicht, in welchem mit dem fast formelhaften 'Dô tagete ez und muose ich wachen' die ganze Freude vorbei ist, und das Lied des Schenken. Wenn es scheinen könnte, daß bei der Harmlosigkeit des Traumvergnügens ein häufig wiederkehrender Zug des Tageliedes, nämlich die Gefahr, die den Liebenden droht, aufgegeben werden müsse, und daß sich an Stelle der Furcht vor dem Grauen des Tages, wie sie dort üblich ist, in der Erzählung eines Traumes nicht wohl die Furcht vor dem Erwachen setzen ließe, so mag unser gewandter Sänger auch auf diesen Zug nicht ganz verzichten. Er weiß sich zu helfen und sagt einfach:

welle aber ie man mîn herze verkêren,
der wekke mich, swenne ich lige in der hüge.

Während das trüber gehaltene Gedicht Neidhards mit einer Winterstrophe beginnt, wird dieses mit einer Sommerstrophe eröffnet, weil am Schluß die Hoffnung ausgesprochen wird, daß des Dichters Sehnen noch gestillt werde. Aber nicht darum, weil der Traum Glück prophezeite, ist der Schenke so zuversichtlich, sondern umgekehrt, weil er mit Hülfe dieses Liedes seinem Ziele näher zu kommen denkt.

Eben wegen der Objektivität, mit der das Traumbild dem Menschen entgegentritt, ist es dem Dichter ein willkommenes Mittel, das Glück, das er immer nur ersehnt und erfleht, nun einmal, wie es genossen wird, sich und besonders der Geliebten anschaulich gegenüberzustellen, um so auf der Spröden Herz Eindruck zu machen. Klagt er an einer anderen Stelle: 'Mit zwein blanken armen ein vil lieplich twingen ist mir sendem knehte wilde gar; si sol sich erbarmen; nâch den selben dingen jâmert mich', so kann er hier „ein großes Wunder kündend" sich trösten 'swenne ich bin entslâfen, so habe ich trôst unde wunne von ir; ir ermel blôz, die schouwe ich nâch dem willen mîn'.

Solche Künste hatte **Günther von dem Vorste** nicht nötig. Er wurde von seiner Herrin geradezu verwöhnt. Wie sie ihm auch sonst Trost zugesprochen hat, so kann er in einem nicht eben gedankenreichen Liede HMS II, 168 von einem Traume erzählen und sich rühmen:

>   Ein stimme hiez mich vrô belîben
>   und in hôhem muote leben,
>   si gruozte mich von einem wîbe.

Nach einer Lücke geht es weiter: 'wan si ze trôste ist mir geborn | vor aller vrouwen gimme ein sunne, Got hât niht stunde an dir verlorn'. 'Mir enkunde niht gedröuwen', heißt es dann, 'sît daz mir sô süezer munt | mit liebe hât gekundet hôhen muot'[1]). Eine Anspielung mit feiner Schmeichelei ist darin versteckt, denn bei dem mittelalterlichen Hörer mochte sich halb unvermerkt mit der Vorstellung jenes Weibes die einer ganz anderen Frauengestalt mischen. Von der Himmelskönigin Maria war man gewohnt zu hören, daß sie zu den Sterblichen herabsteige und sich in ihrer Herrlichkeit ihnen im Traume zeige, um die Gläubigen ihrer Gnade und Hilfe zu versichern. In dem ersten der angeführten Verse hört man fast den biblischen Ton heraus. Was die Stimme verkündete, war aber so klar und so wenig mißzuverstehen, daß nicht am Schlusse alle Zuhörer aufgefordert zu werden brauchten, es gut auszulegen, und daß es nicht eines 'sælic man' zum Deuten des Traumes bedurft hätte, wie ihn der Dichter sich im Eingang wünscht. Er sucht darin volkstümlich zu sein, ebenso, wie wenn

---

1) Es beruht auf einem Mißverständnis, wenn von der Hagen annimmt, die Geliebte erscheine nicht selbst; Günther wünscht ja nachher, noch öfter bei ihr zu sein.

er wiederholt die Bösen alle beiseite stehen heißt, damit sie ihm den Traum nicht 'missewenden'.

'Kunden gesten' will auch der Diurner nur seinen Traum (HMS II, 337; Bartsch D. Lied. S. 279 f.) erzählen, in dem ihn ein hoher, schmaler Rosenbaum mit zwei blühenden Aesten umfing und er darunter 'viol und der rôsen smak' fand.

II.

Träume in der Epik.

A. Tierträume.

a) Material und Einzelbesprechung.

Den interessantesten Stoff unserer Untersuchung bildet das altüberkommene Traummaterial mit seiner Geschichte in deutscher Dichtung. Wenn ich bekennen muß, bei dessen Behandlung nicht immer eine endgültige Lösung geben zu können, so liegt das hauptsächlich daran, daß das einzelne Motiv nur in seinem Zusammenhang mit der ganzen Sage verstanden und nicht, aus demselben herausgerissen, vollständig erklärt werden kann. Wer z. B. das Rachebedürfnis der Grimhild für die eigentliche Ursache vom Untergang der Nib. ansieht und nicht die Habsucht Etzels, wird den Traum der Gemahlin desselben (B 1393), in dem sie ihren Bruder Giselher zu küssen wähnt, noch eher für unecht halten, als wer die gegenteilige Ansicht vertritt. Indessen muß man ihn auch bei Annahme der letzteren als ein spätes Einschiebsel ansehen, weil die freundliche Begrüßung (B 1737) ein zu nebensächliches Motiv wäre, um in der alten Dichtung durch einen Traum angekündigt zu werden. Sehnte sich Grimhild aber nach ihrem Bruder und ihrer Mutter (vgl. C), so wäre der Traum nur eine Geburt ihrer Wünsche und Gedanken und darum nicht stilgemäß. In der Thids. fehlt er; Lachmann hält die Partie für unecht. —

Wir beginnen mit den sogenannten Tierträumen und machen uns zunächst mit dem auf deutschem Boden erhaltenen Material bekannt. Verwandtes auf nichtdeutschem Gebiet zur Vergleichung heranzuziehen wird uns leicht gemacht durch die Arbeiten: W. Henzen, Ueber die Träume in der altnordischen Sagalitteratur, Leipzig 1890 und R. Mentz, Die Träume in den altfranzösischen Karls- und Artusepen, Marburg 1888, Stengels Ausg. u. Abh. 73.

Daß auch der von Mentz nur allzu schematisch und unhistorisch behandelte Gegenstand seinem Ursprung nach größtenteils germanisch ist, hat Pio Rajna schon vor Erscheinen von Mentz' Arbeit in seinem Buche: Le origini dell' epopea francese S. 455 ff. gezeigt. Wenn wir mit Suchier annehmen, daß die französischen Dichter deutsche Sagenzüge in abgeschlossener dichterischer Form und in lateinischer Sprache herübergenommen haben, so wird uns jene Thatsache nur noch begreiflicher.

Während im Westen der Boden für unser Motiv sehr fruchtbar gewesen ist (vgl. Mentz 47 ff.), so daß dasselbe dort üppig gewuchert hat, ist es bei uns nahezu ausgestorben und hat nur kümmerliche Triebe gezeitigt. Einer der ältesten und dabei doch am besten erhaltenen Tierträume ist derjenige, mit welchem Grimhilde ihren Gemahl abhalten will, an der verhängnisvollen Jagd teilzunehmen (B. 921). Lachmann hält allerdings die Partie für eingeschobene Zwischenerzählung, weil ihr die rechte Verbindung mit dem Vorhergehenden fehle und der Ton zu weich sei, erkennt aber doch den Inhalt als unstreitig alt an. Die Traumwarnung kann ja in älterer Dichtung an anderer Stelle erfolgt sein. Wie in den Träumen der altfrz. Epopöen Eber öfters vereinzelt und paarweise auftreten (Mentz 53), so stellen **zwei Wildschweine** die **Mörder Sigfrids** vor; sie jagten ihn über die Heide, da wurden Blumen rot. Das deutet auf feindliche Nachstellung. Aber Grimhildes Furcht ist noch durch einen zweiten Traum (924) hervorgerufen, sie leitet die Wiedergabe desselben mit den gleichen Worten ein, wie die des ersten: 'mir troumte hînte leide'; zwei Berge stürzten über ihm zusammen. Sie bittet ihn flehentlich, bei ihr zu bleiben; er umfängt und küßt sie und scheidet: 'sine gesach in leider darnâch nimmer mêr gesunt'. Wir sprechen nachher noch von der Erfüllung dieses Traumes. Unter dem Bilde von Wildschweinen werden auch im **Ruodlieb** gefährliche Feinde angekündigt. Dort ist der Mutter des Helden zur Belohnung für ihre Wohlthaten gegen Arme, Wittwen, Waisen und Fremde von Gott die Zukunft ihres Sohnes durch folgenden Traum offenbart worden (Seiler XVII, 89 ff.). Zwei Eber, denen eine große Schar mit Hauern drohender Schweine folgte, sah sie zum Kampfe gegen Ruodlieb hereilen. Den beiden führenden Tieren schlägt er jedoch die Köpfe ab, die übrigen kamen in einem Blutbad um. Das zweite Gesicht zeigt ihr ihren Sohn, wie er auf einem Lager im Gipfel einer Linde ruht; unter ihm auf den Zweigen steht seine kriegsbereite Mannschaft. Da kommt eine schneeweiße wunderschöne Taube (Meutz 59) geflogen, bringt und setzt ihm aufs Haupt eine kostbare perlengeschmückte Krone, läßt sich neben ihm nieder und giebt ihm Küsse, die er nicht ungern annimmt. Hoch erfreut und stolz auf solches Glück, wie es ihrem Ruodlieb bevorsteht und doch demütig gegen den Geber alles Guten — Luc. 2. 19 u. 51 und Matth. 3, 16 schwebten dem Bearbeiter sicher vor —, teilt die Mutter die Offenbarung Gottes ihrem Sohne erst nach drei Tagen mit. Der einzige Kummer der frommen Frau ist, daß sie all das Glück nicht mehr erleben wird; sie weiß das; denn sie ist erwacht, bevor der Traum zu Ende war. Wer die grimmen Eber sind, und wer die Taube, die die Krone bringt, erfahren wir in dem Abschnitt, den Seiler als den 18. folgen läßt. Immunch und sein Sohn Hartunch, sagt dort ein von Ruodlieb gefangener Zwerg voraus, der wie alle seines Wesens stets die Wahrheit spricht, sind zwei Könige, die Ruodlieb besiegen und töten wird. Heriburg, die wunderschöne jungfräuliche Tochter des Königs, wird alleinige Erbin des Reiches sein. Ihre Hand muß Ruodlieb gewinnen; doch wird das Ströme Blutes kosten. Wie die zwölf Lehren für den früheren Teil, so giebt die Traumerzählung, und was sich daran schließt, ein Programm für das Weitere; und zwar ein zuverlässiges, da die Träume von Gott kommen und der Zwerg mit so braven Worten die sonst nicht über allen Zweifel erhabene Wahrheitsliebe seines Geschlechts rühmt, daß wir der eigentlichen, bekanntlich nicht überlieferten, Erzählung der angekündigten Ereignisse fast entraten können. Man möchte beinahe glauben, daß der Bearbeiter mit diesem freundlichen Ausblick in die glückliche Zukunft seines Helden geschlossen hat, und uns am Ende des Romans nichts verloren gegangen ist.

Reckenhafter ist der Ton in einer Traumerzählung im Waltharius. Als Walthari der Habgier des Burgunderkönigs mit einem Geschenk von hundert goldenen Armspangen Genüge zu thun sich bereit erklärt hat, rät Hagen seinem Herrn dringend zur Annahme derselben; denn die Tapferkeit jenes Helden sei sehr groß, und ein Kampf mit ihm werde unglücklich verlaufen; das habe ein Traum ihm angezeigt (Grimm, 621 ff.). In demselben riß ein Bär dem König ein Bein bis zum Oberschenkel ab und ihm selbst, dem zu Hilfe herbeieilenden Hagen, Zähne und ein Auge aus. Solche Feigheit sei des Sohnes Hagathie's würdig, das ist Gunthers Antwort auf die wohlgemeinte Warnung; und tief gekränkt zieht sich Hagen auf einen nahen Hügel zurück; er will dem Kampfe zusehen, an seiner Beute nicht teilhaben. Erst als Gunthers 11 Helden, darunter Hagens eigener Schwestersohn Patafrid gefallen, und als sein Fürst ihn kniefällig gebeten, den Schimpf zu rächen, giebt er seinen Groll auf. In dem auf seinen Rat hinterlistig begonnenen Kampfe geschieht es, wie Hagen geträumt. Dem Könige wird Bein und Schenkel bis zur Hüfte abgeschlagen; seinem Freund und Vasallen wird (Scheffel) „Sein rechtes Auge ganz aus dem Gesicht geschlagen, zersäbelt war die Stirn — die Lippen aufgeschlissen, dazu sechs Backenzähne ihm aus dem Mund gerissen". Aber vorher hat Hagen — und davon hatte der Traum nichts enthalten — dem Walthari die Rechte abgehauen. In den Rosengartengedichten ist Dietrichs charakteristischer Mangel an Selbstvertrauen daran schuld, daß der interessante Kampf zwischen den beiden größten Helden erst nach den übrigen Zweikämpfen stattfindet. Hier wird der Traum indirekt Ursache von Hagens anfänglicher Zurückhaltung; denn der auf ihn gegründete Rat giebt Gunther Anlaß zum Vorwurf der Feigheit. Hagen nimmt die Stelle des Königsdieners Blind ein, der seinen Herrn durch Träume und Mahnungen zu warnen pflegt (s. o. S. 12).

Ueber das Vorkommen von Bären, wie von anderen Tieren, in Träumen der altnordischen Sagalitteratur kann man die Zusammenstellung bei Henzen S. 38 und 39 vergleichen. Auch in der afrz. Epik spielt der Bär in solcher Weise eine Rolle (vgl. Mentz 50). Mit Recht bezeichnet Althoff Germ. 37, S. 8 ff. diesen „König des deutschen Waldes" als den „würdigen Vertreter des königlichen Helden Waltharius". Ein Eber kann nicht auf das 'carnem vitabis aprinam' von V. 1436 und daraufhin eingesetzt werden, daß Walthari in der Thids. C. 244 mit einem Eberbrustbein nach Hogni wirft, daß demselben ein Auge herausspringt. Man hat gezeigt, wie leicht ahd. pero mhd. bër und ahd. për mhd. bêr, von denen das erste „Bär", das zweite „Eber" bedeutet, verwechselt werden können. Man hat ferner daran Anstoß genommen, daß der Bär als 'mordicus' bezeichnet wird; denn dieses Beiwort paßt für Wildschweine, die ja auch im Ruodlieb 'dente minaces' sind, nicht aber für ihn, dessen Waffen die Tatzen sind, der nach V. 1338—40 'artubus horret' und 'amplexans coartat'. Althoff kann dem gegenüber geltend machen, daß ein Eber erst recht nicht solche Wunden beibringen könne, wie der Bär in Hagens Traum, und dabei müssen wir uns beruhigen.

Während in den afrz. Romanen exotische Vierfüßler als Traumtiere häufig sind (vgl. Mentz 49, 51, 55), kommt in unseren Dichtungen nur der Löwe einmal vor. Im großen Wolfdietrich VIII, 247 wird inmitten einer bunten Reihe von Abenteuern erzählt, daß Wolfdietrich, der Rächer seines Freundes, des vom Drachen getöteten Kaisers Ortnit, einen verwundeten Löwen, den er von einem gefährlichen kleinen Tier befreit hat, Nachts vor die Burg zu Garten bringt. Nachdem er dem Wächter zugerufen, die Kaiserin Sidrat möge das Tier pflegen, läßt er es an dem Burggraben und reitet von dannen. Der Wächter richtet heimlich seinen Auftrag aus, nachdem er an das Fenster der Kaiserin geklopft. Sie meint, sich selbst der Sache annehmen zu müssen, damit sie den Löwen mit List hereinbringe und legt sich nicht mehr schlafen. An einen Priester, den sie holen läßt, richtet sie die Bitte, ihr noch vor Mitternacht eine Messe zu lesen. Allerdings ist dies Verlangen etwas sonderbar, noch wunderbarer aber ist es, daß der Geistliche sich so über dasselbe aufregt und es so laut zurückweist, daß die ganze Burg vom Lärm wiederhallt. So kommt denn auch gleich der Burggraf mit 300 Mann eingedrungen. Er zeigt sich sehr ungehalten, daß seine Herrin noch wach ist. Sie entschuldigt sich, ein Traum, in dem der Drachenbesieger einen Löwen an den Burggraben gebracht, habe sie nicht schlafen lassen. Man folgt ihr und findet den Löwen; der Burggraf meint, es bedeute Schlimmes, wenn die Tiere sich den Burgen nahten und will die Hunde auf ihn hetzen. Die Herrscherin wehrt ihm, läßt ein Polster heraustragen, den Löwen sich darauf legen und pflegt ihn. Kurze Zeit darauf kommt Wolfdietrich wieder und sucht bekümmert nach diesem seinem Freunde u. s. w. Diesen Wirrwarr zu lösen, muß man wohl verzweifeln. Nur eines scheint mir sicher, daß als Mittelpunkt der Scene am Burggraben ein Mensch, ein todwunder oder toter Held und nicht ein Tier vorauszusetzen ist. Gewisse einzelne Züge sind, glaube ich, in reinerer Gestalt in der 17. Aventiure des Nib.-L. zu finden. Dort wird Sigfrid, ein 'tier daz si dâ sluogen', auf Hagens Befehl vor Grimhildes Kemenate niedergelegt. Des Morgens aber, da man zur Messe läutete, Grimhilde ihre Frauen weckte und sich ein Licht bringen ließ, da fand der Kämmerer den Leichnam eines Mannes vor der Thür in seinem Blute liegen, ohne ihn zu erkennen. Er teilt es seiner Herrin mit, als dieselbe zum Münster gehen will. Sobald der alte Sigmund davon hört, kommt er mit 1000 Mann. Grimhilde hat nachher Mühe, ihn von einer unüberlegten Rachethat gegen den Mörder abzuhalten. Lag vielleicht ursprünglich der tote

Ortnit vor Sidrats Burg, und ist alles durch eine unzeitige Reminiscenz aus dem Iwein gestört? Andererseits bietet sich zur Vergleichung naturgemäß eine Partie in Gottfrieds Tristan; Ortnits Wittwe heißt ja auch Isolde in der Thids. Der Truchsesse hat sich dort für den Töter der Drachen ausgegeben, wie der Graf Gerwart im Wolfd., und hat nun Anwartschaft auf die Hand Isoldes, der er aber verhaßt ist. Zu ihrem Glück hat ihre zauberkundige Mutter einen Traum (MBm. 234, 28), auf Grund dessen sie weiß, daß ein Fremder den Drachen erschlagen hat. Die Frauen stehlen sich nun heimlich hinaus und finden den ohnmächtigen Tristan. Als derselbe zum Bewußtsein kommt, bittet er, ihn zu führen oder zu tragen, wo er Pflege fände. Er wird auf ein Pferd gehoben, unvermerkt ins Schloß gebracht und gepflegt.

Nicht minder gefährlich als die wilden Tiere sind im Traume große Vögel. So in einem Traume, den H e l c h e gegen Morgen im Arme ihres Gatten träumte (R a b. 123 ff.). Ein A d l e r drang in die Kemenate der Königin ein und schleppte ihre beiden lieben Söhne auf eine breite Heide. Und weiter mußte sie sehen, daß dort der G r e i f sie zerbrach. Vor Leid schreckte sie aus dem Schlafe auf. 'Der troum der seite ir mære, | als ez ouch sît ergie, | dô si dem Bernære | ir liebe kint ze helfe lie. | owê der jungen künege hêre | die gesach si leider lebende nimmer mêre' (Str. 126). Der letzte Vers wird später 196, 6 wiederholt, als Helche mit schwerem Herzen ihre Söhne auf ihr stürmisches Verlangen mit Dietrich in den Krieg ziehen läßt. Sie macht alle Anstrengungen, Scharpf und Ort von ihrem unseligen Wunsche abzubringen: den Traum führt sie merkwürdigerweise nicht an. Man darf vielleicht nicht Anstoß nehmen daran, daß die Wegführung der Knaben, die doch mit Erlaubnis der Helche geschieht, als ein gewaltsamer Raub dargestellt ist. Sonderbar aber ist der Ausdruck 'd e r grîfe', da dieses Tier, das den Mörder Heime bezeichnet, vorher nicht genannt ist. Es wird dem Bearbeiter der Sage gegangen sein, wie Rajna und manchem Andern, daß er den wahren Sinn des Traums nicht erkannte und den Adler und Greifen identifizierte. Eigentlich scheint es sich um zwei aufeinander folgende Traumgesichte zu handeln; der Schauplatz derselben ist ja auch ein verschiedener: die Kemenate und die Heide.

Eine freundliche und feindliche Rolle zugleich spielt der A d l e r in einem Traume im großen W o l f d i e t r i c h IX, 57. Es ist eine recht sentimentale Scene von unverkennbar geistlichem Gepräge, in der Wolfdietrich nachts als Pilgrim verkleidet außen an der Mauer seiner Stadt steht, aus welcher er von seinen zwei Brüdern vertrieben ist. Seine gefangenen Dienstmannen hört er oben um ihren verlorenen Herrn klagen. Einer aber von ihnen, Herbrand, tröstet die anderen: er habe geträumt, ein Adler sei gekommen, habe sie unter sein Gefieder genommen und die Könige beinahe — so ist das 'nach' zu übersetzen; denn auf Bitten der Kaiserin verzeiht ja Wolfdietrich seinen Brüdern — getötet. Nachdem Wolfdietrich sie angerufen und sich ihnen zu erkennen gegeben, fallen auf ihr Gebet die Fesseln von ihnen ab, und die Glücklichen springen zu ihrem Herrn herunter. Es geschieht, was durch den nicht mißzuverstehenden Traum angezeigt war.

Als im Orendel der Graurock mit Ise naht, um seine gefangene Frau zu befreien, träumt dem König Minolt, der Bride in Gewahrsam hält und zur Ehe zwingen will, von einem Raben und einem Adler. Dem Herzog Achille, der am Morgen bei ihm eintritt und die Ankunft der Fremden meldet, erzählt er V. 3540 'mir ist getroumet hînaht, | für wâr ich daz sagen mag | ez kêm über mer geflogen her | ein rap und ouch ein adeler, | die brêchen mir mîn burg nider, | daz ich nimmer kan gemachen wider'; 'und der rap biß mir mein haupt ab' setzt P gewissenhaft hinzu, um auch der Thatsache gerecht zu werden, daß Ise nachher dem Minolt den Kopf abschlägt: das Kopfabbeißen dürfte für den Raben immerhin mit einigen Schwierigkeiten verbunden sein. Der Traum erfüllt sich insofern, als Ise V. 3752 die Burg verbrennt (vgl. ZfdA 37, S. 352).

Ist hier die Befreiungsthat nach der gewaltsamen Seite berücksichtigt, so wird sie als Errettung angekündigt in einem Traum vom Falken im König Rother. Als nämlich Constantins Tochter, die von Rother entführt und geheiratet, dann ihm wieder geraubt worden war, tiefbekümmert über ihre Lage — sie soll am Abend einen verhaßten neuen Ehebund schließen — vor ihrem Vater sitzt, richtet dieser folgende Worte an sie (3850 ff.): 'Nu swie tohter min mir troumite nahten von dir, | des saltu wol geloubin mir, | wê ein valke quâme | gevlogin von Rôme | unde vorte dich wider over mere'. Wenn nur dieser tröstende Zuspruch nicht so merkwürdig gerade im Munde des Vaters klänge, der am eifrigsten die neue Heirat betreibt und dem am wenigsten an einer nochmaligen Entführung durch Rother liegen kann; denn dieser ist selbstverständlich mit dem Falken von Rom gemeint. Wenn die Mutter, die auf

Seiten des römischen Königs steht, in dieser Weise ihrer Tochter Hoffnung machte, so würden wir das eher begreifen.

Der burleske Roman Salman und Morolf, der in seiner Handlung mancherlei Parallelen zum Rother und Orendel aufweist, bietet an der Stelle, wo die geraubte oder besser davongegangene Gattin dem Salman wieder gewonnen ist, einen Traum ebenfalls von Falken. Die treulose Frau, die schwere Strafe zu gewärtigen hat, wendet sich an ihren Gatten mit den Worten (Vogt 534, 2): 'Salman ich wil dir sagen einen troum: | mir troumte hint in diser naht, | daz ich an dînem arme entslief | und mir so liebe nie beschach. | Zwên valken flugen mir ûf die hant | der troum der ist mir wol bekant: | daz ist ein sune lobelich, | der sol nach dir besitzen | dîn vil wîtez kunigrîch'. Morolf, der gegen eine Begnadigung ist und die Königin erhängen möchte, wie ihren Entführer Fore, weiß eine andere Deutung (536): 'Dô sprach Morolf der degen: | „den troum wil ich dir widerwegen: | ez ist ein wide eichîn, | dar zuo ein hôher galge | der zweier solt du sicher sîn"'. Die Königin dürfte für die Komik dieser Auslegung weniger Verständnis gehabt haben, als Salman, der in Lachen ausbrach. — Der Verdacht liegt nahe, daß der Traum typisch sei und seinem eigentlichen Sinn nach auf die nahenden Befreier gehen müsse. Nun aber paßt solch hoffnungsfroher Ausblick wohl für die treue, wider ihren Willen geraubte, sehnsüchtig des Gatten harrende Frau, nicht aber für die Ehebrecherin. Der findige, schmiegsame Spielmann, der das wohl gefühlt, könnte darum das Ganze so gewandt haben, daß die treulose Frau sich bei ihrem Gemahl einschmeichelt, indem sie ihm Hoffnung auf Nachkommenschaft macht. Dagegen spricht aber, daß sie dem Salman nachher wirklich einen Sohn schenkt. Und, was noch wichtiger ist, ein Traum ganz gleicher Art bei Saxo Grammaticus (Müller-Velschow, p. 470) weist auf Nachkommenschaft hin: Thira will sich ihrem Gatten Gormo nicht zu eigen geben, bevor er im Schlaf ein Zeichen erhalten, daß ihre Ehe fruchtbar sein werde. Im Traume sieht er darauf zwei Vögel auf seine Frau fliegen, von denen der eine größer ist als der andere; sie schwingen sich dann wieder in die Lüfte. Nach einer Weile kehren sie wieder und setzen sich auf seine Hände. Ein zweites und drittes Mal fliegen sie davon, nachdem sie sich ausgeruht. Endlich kehrt der kleinere von ihnen mit blutigen Federn zurück. Nun ist die Frau zufrieden. — Es scheint mir darum doch wahrscheinlicher, daß unser Spielmann den Traum gleich in jener Gestalt und mit jener Bedeutung aus seiner Quelle übernommen hat.

Schwierigkeiten macht auch der dem Nibelungenlied präludierende Traum Grimhildes vom starken, schönen und wilden **Falken**, den sie sich gezogen, und den zwei Adler ihr geraubt. Keinen anderen Verlust hätte die Jungfrau so schwer empfunden. Ihre Mutter weiß ihr keine andere Deutung zu geben, als:

'der valke den du ziuhest, daz ist ein edel man,
in welle got behüeten, du muost in sciere vloren hân' (Str. 14).

Doch von Mannesliebe will die Tochter nichts wissen. — In der Vols. C. 25 ist Gudrun betrübt wegen eines Traumes, in dem sie einen schönen Habicht (nur ein anderer Ausdruck für den Falken) auf ihrer Hand sah, dessen Federn goldig waren. Eine ihrer Frauen, mit denen sie sich darüber bespricht, deutet ihr ihn auf einen Königssohn, der um sie werben, einen edeln ('vel mentr') Mann, den sie bekommen und sehr lieben werde. Um zu erfahren, wer es ist, begiebt sich Gudrun zu Brynhilde. Von dieser freundlich aufgenommen, erzählt sie ihr, erst nach einer Weile, merkwürdigerweise einen ganz anderen Traum: Einen Hirsch mit goldenem Fell, um den sich alle bemühten, bekam sie allein (vgl. Grimm, Altdän. Heldenl. S. 199 f.!); das Tier aber, das sie über alles liebte, erschoß ihr Brynhilde. Nachdem sie von jener schlimme Deutung erfahren, kehrt sie wieder heim. Wilmanns, der in einer vorzüglichen Untersuchung über das Nib. (AfdA 18, S. 66 ff.) auf das Verhältnis dieser drei Träume zu einander eingeht (S. 89 f.), bemerkt, daß die kürzere Form des Vogeltraums ohne die Adler, wie wir sie in Vols. finden, sich für das Nib. besser eignen würde; „denn in auffallender Weise läßt die Mutter Uote in ihrer Deutung den Schluß des Traumes [fast] ganz außer Auge und spricht in heiter scherzendem Tone nur von der Macht der Minne". Der Gedanke, daß nach einer Subtraktion des Traumes in Vols. von dem im Nib. die Tötung durch die Adler als Inhalt eines besonderen Traumes abzuscheiden sei, läßt sich unter solchen Umständen nicht so leicht abweisen. Wir finden in der Vols. zwei Träume zusammengerückt, die wie Wilmanns sagt „ursprünglich nicht dazu bestimmt waren, neben einander zu stehen". Könnte hier nicht etwas ähnliches stattgefunden haben und der Adlertraum eigentlich an eine spätere Stelle ungefähr dahin, wo der Ebertraum (921) steht, gehören? Er würde von dem Ereignis, auf das er deutet, nicht mehr so weit (s. u.) entfernt sein. Freilich, der Traum in Vols. paßt auch, wie er vorliegt, nicht in seine Umgebung; wenigstens rechtfertigt, wie Wilmanns hervorhebt, sein Inhalt nicht die Schwermut Gudruns. Aber möglicherweise hatte er eine Fortsetzung, die zu derselben Anlaß gab, ohne daß die Adler darin vorkamen. Wir finden dafür einen kleinen Anhaltspunkt an einer Stelle, wo man ihn nicht vermuten würde. Eine Partie im Roman de Roncevaux und, dieselbe besser erhalten, im Karl Meinet (Litt. Ver. Bd. 45, S. 496 ff.) hat Aehnlichkeit mit einem Teil der Klage (vgl. Henning QF 31, S. 21 f.). Wie dem König Dietrich nach dem furchtbaren Ereignis an Etzels Hofe, so erwächst dem Kaiser Karl nach der Schlacht von Roncesvall die traurige Pflicht, die Angehörigen zu benachrichtigen. Beide schicken zunächst Boten, die jedoch die Mitteilung von dem Entsetzlichen nicht selbst machen, sondern ihrem Herrn überlassen sollen. (In der Kl. sollen sie selber die Nachricht nur nach Worms überbringen.) In beiden Fällen hat eine Mutter (Ute: Bertha), einen Sohn (Giselher: Roland), der sich verlobt hat, (Ute noch zwei andere) zu beklagen; ein Onkel (Pilgrim: Gerart; G. hat auch fromme Anwandlungen 507, 54—508, 3) seinen oder seine Neffen (Giselher mit Brüdern: Oliver); eine Braut (Dietlind: Alde) ihren Bräutigam (Giselher: Roland). Karl hat wie Dietrich eine Schwester (Bertha: Gotlind) zu benachrichtigen; dem inneren Verhältnis des Kaisers zu Roland entspricht das des Gotenfürsten zu Rüdeger. Alde ahnt, was geschehen, auf Grund von Träumen, wie Gotlind und Dietlind. Die Träume aber, deren Alde auf der Reise nach Balais ihrem Meister Magus eine ganze Serie vorträgt, zeigen, so verdorben und umgemodelt sie auch sein mögen, zum großen Teil Aehnlichkeit mit denen der Nibelungensage (Roman de Roncev. V. 11741, vgl. Mentz 161; Karl Meinet 502). Im ersten ist ein schneeweißer geschmückter Falke über den wilden See gekommen und hat sich auf ihr Haupt gesetzt. Bald wurde er ihr schwer; dann trug er sie um (in Roncev. auf) einen hohen Berg, ließ sie da allein und flog fort, sie wußte nicht wohin (vgl. Erk-B. Liederh. 135 b mit Anm.). Ebenso kann im Traum der Gudrun (Grimhilde) der Habicht fortgeflogen, und das wird der Grund der Betrübnis der Jungfrau gewesen sein. Ute spricht deshalb nur im Allgemeinen von dem Verlust, nicht von den Adlern. Der Traum von diesen wäre also abzusondern, wie ein solcher auch im Karl Meinet erst später kommt. Dort folgt nämlich zunächst einer von Bären, Ebern und Hunden; dann einer, in welchem Roland mit seinem Durendart einem Löwen den einen Fuß abhaut; der übernächste zeigt den König Karl mit abgeschlagenem rechten Arm (vgl. das frz. Rolandslied V. 725 ff.;

Konrad V. 3067 ff. und Waltharius 621 ff.). Nach diesem kommt noch ein Traum von der Verfolgung eines Hirschs mit großem Geweih an Alde vorbei, bei der Roland mit Oliver in die Erde versinkt. Zwischen den beiden vom abgeschlagenen Fuß und Arm steht aber der von einem großen Adler 502, 61: 'so we hey queme gevaren | mit vreisselichem gevedere, | unsanfte hey mich druckede, | vil sere hey mich zuckede | under syne voesse. | vil harde unsoesse | beklame hey mich ind beys, | myne burste hey mir ave reis | van dem lyve beide'. Die Thätigkeit des Adlers erinnert an das 'erkrimmen'. Wenn wir eine ursprüngliche Identität dieses und des Traums im Nib. vermuten, so sind wir weit entfernt, die romanische Ueberlieferung als die echtere kritiklos anzuerkennen. Der symbolische Zug des Brüsteausreißens ist sicher secundär. Aber die Zerlegung des Traumes in zwei im Nib., die durch diese Stelle empfohlen wird, hat nach dem oben Gesagten doch etwas für sich. Der eine würde repräsentiert durch 'wie si züge einen valken starc schoen unt wilde', der andere durch 'den ir zwêne arn erkrummen'. Hätte aber Grimhilde-Gudruns Trauer ihren Grund im Fortfliegen des goldgeschmückten Falken, wie gut würde das zu der berühmten Kürenbergerstr. MF 8, 33 stimmen! Und Manches in der Scene des Abschieds Sigfrids von Gr. deutet auf eine längere Trennung, als die für eine eintägige Jagd! Der Eingangstraum des Nib. scheint nachgeahmt zu sein im Reinfrid von Braunschweig 13510 ff. in der breit ausmalenden Art dieses weitschweifigen Romans. Komisch ist es, daß der Dichter, weil sein Reinfrid in der Fremde zwar „Haare lassen", aber schließlich doch heimkehren wird, uns versichert, thatsächlich wäre der Falke den Adlern in dem Traume entkommen; die Träumende hätte es nur nicht gewußt.

In Konrad Flecks Roman (1082 ff.) erzählt Blauscheflur ihrem Flore, es habe ihr im Traume gedünkt, zwei Tauben hätten sich zum Schutz vor feindlichen Vögeln ein Nest gebaut; ein Habicht aber habe sie auseinander getrieben: er war ihnen wegen ihrer Jungen gram. Der letzte Zug paßt bei dem jugendlichen Paar nicht und malt nur das Gleichnis aus. Nach Sommer S. XIII und Anm zu V. 1244 muß die ganze Abschiedsscene (V. 1054—1365) Eigentum des deutschen Dichters sein. Für den Traum kann er nach allem, was wir gesehen, Heimisches benutzt haben. Wer aber die Träume vom Adler und Falken im Karl Meinet, den der Helche (Rab. 123 ff.) vom Adler und Greif, ferner die Mentz C. 57 angeführten betrachtet, wird zugeben müssen, daß für den Traum der Herzeloyde

Parz. 103, 25 ff. außer den sagenhaften Vorgängen vor Alexanders Geburt (Lucae, ZfdPh IX, 129 ff.) auch Modernes zum Muster gedient haben kann.

b) Erklärung und Geschichte.

Die Tierträume finden ihre einfache Erklärung in dem Glauben der Germanen, daß gewisse Personen sich in Tiere verwandeln könnten (vgl. Gr. Myth.⁴ 915 ff.). Die Traumtiere sind nichts anderes als Abbilder von solchen Freunden oder Feinden, die nachher in Tiergestalt nahen. Diese aber wurde angenommen, weil man sich durch sie die tierischen Kräfte und Fähigkeiten, die in der betreffenden Lage gerade nützlich erschienen, aneignete. Dabei scheinen die meisten Helden und Heldinnen immer zu einem bestimmten Vierfüßler, Vogel oder sonstigen Angehörigen der Fauna besonders enge Beziehungen gehabt zu haben. Freilich mußte man mit den Vorzügen des Tieres auch die Mängel, die in seiner Natur lagen, in Kauf nehmen. Man war allerlei Fährlichkeiten und dem Tode ebenso ausgesetzt, wie sonst. Noch in der Thids. C. 353 hilft die zauberkundige Ostacia ihrem Gemahl in der Gestalt eines Drachen gegen seine Feinde. Sie erhält dabei eine tödliche Wunde. Daß Vildifer sich in eine Bärenhaut hüllt (Thids. C. 141), um seinen gefangenen Freund Wittich zu befreien, halte ich für eine rationalistische Umdeutung davon, daß er das Aeußere eines Bären annahm (vgl. Gr. Myth.⁴ 654 f.). Das Halsband, das der Spielmann Isung ihm anlegte und an dem er ihn führte, hatte ursprünglich wohl eine andere Bedeutung (vgl. Gr. Myth.⁴ 918). Etwas ähnliches nimmt Wilmanns (AfdA 18, S. 75) für eine andere Stelle desselben Buchs an, wenn er sagt: „Der Gestaltentausch ('hamaskipti', nämlich Gunthers u. Sigurds) ist in der Thids. durch Mißverständnis oder Umdeutung zu einem Kleidertausch geworden, im Nib. willkürlicher durch die der Zwergsage entlehnte Tarnkappe ersetzt". Bei näherem Zusehen müssen wir die Thatsache hinnehmen, daß auch Walthari zu seiner Verteidigung jenes Mittel nicht verschmäht. Aus Hadawarts Rede V. 790 ff. geht hervor, daß der Bedrängte als Schlange den Geschossen seiner Feinde zu entgehen sucht; doch solle es ihm nichts helfen, schließt Jener, selbst wenn er die Gestalt des Vogels und seine Flügel annähme. Jetzt käme Walthari nicht mehr aus seinem Felsenschlupf, nach der Weise eines Hundes bellend und mit grimmigen Zähnen knirschend, triumphiert Gunther 1230 ff. In unserem Gedicht ist das natürlich nicht mehr im eigentlichen alten Sinne, sondern als Gleichnis verstanden, ebenso wie das Bärenbild V. 1337. Daß wir aber mit unserer Erklärung das Aeltere treffen, verraten uns die V. 761 ff. Denn nur unter Voraussetzung dieser läßt sich Ekkefrids an Walthari gerichtete Frage verstehen, ob sein Körper greifbar sei, oder ob er durch Luftgestalten (aëriae figurae) täusche; ein Waldschrat (faunus silvanus) scheine er ihm zu sein. Jener nimmt diese letztere Bezeichnung in seiner spöttischen Antwort mit 'fauni fantasma' auf. Vielleicht hat unser Held mit diesen Künsten seinen Feinden gegenüber Gleiches mit Gleichem vergolten. Vielleicht ist das Bild vom Bären, der sich mühsam der Hunde erwehrt, seines Gleichnischarakters zu entkleiden und wörtlich zu nehmen, wenn man auf die Ursage kommen will. Die antiken Wendungen bei seiner Ausmalung entscheiden ja nichts über seine Herkunft. — Und weiter im Nibelungenlied! In der Thids. C. 348 ruft Grimhilde angesichts der Leiche Sigfrids: „Wie wardst du so wund? du mußt ermordet sein: wüßte ich, wer das gethan hätte, so möchte ihm das wohl vergolten werden". Hagen antwortet darauf: „Nicht ward er ermordet, wir jagten einen wilden Eber, und derselbe Eber gab ihm den Todesstreich". Da antwortete Grimhilde: „Dieser Eber bist du gewesen Hagen und niemand anders". Warum sind nun im Nibelungenlied für den Eber Räuber eingesetzt? denn so müssen wir uns unbedingt das Verhältnis vorstellen. Warum sagt gemäß einer früheren Verabredung (B. 1045) Gunther: 'in sluogen schâchære, Hagene hât es niht getân', so daß nun Grimhilde antwortet: 'die selben schâchære sint mir wol bekant; nu lâze ez got errechen noch sîner friunde hant; Gunther unde Hagene jâ habet ir ez getân'? Warum anders, als weil es dem Dichter nicht geheuer war mit dem Eber, weil er nach dem Wortlaut seiner Vorlage mit Recht keine bildliche Redensart in den Worten der Grimhilde sah, sie darum aber nicht mehr verstand! Beim Wettlauf heißt es von den beiden Verrätern 976, 3: 'sam zwei wildiu pantel si liefen durch den klê'. Stände da: „wie zwei wilde Eber", so würden wir argwöhnen müssen, daß der Vergleich mit einer Beziehung auf den Traum nachträglich eingesetzt wäre. So jedoch dürfte der ursprüngliche Sinn durch „die zwei wilden Panther liefen durch den Klee" wiederzugeben sein. Der Wechsel von Panther und Eber ist nicht auffallend. Panther klang vornehmer und verhält sich zu Eber nicht viel anders, als Falke zu Habicht. Die Art des Trinkens erscheint uns nun minder eigentümlich: 'daz wazzer mit dem munde er von der fluote nam:

Natürlich dürfen wir aber nicht Einzelnes herausgreifen und deuten, wie es uns gefällt; erst wenn das Uebrige dazu stimmt und Alles sich **einem** Erklärungsprincip fügt, werden unsere Darlegungen zwingend. Glaubten wir, dem Ebertraum entsprechend bei den Verfolgern Tiergestalt zu finden, so müssen wir auf Grund des Hirschtraums in Vols. von Sigfrid vermuten, daß er eben solche gehabt habe. Str. 1002, 2 u. 3 heißt es: 'von heleden kunde nimmer wirs gejaget sîn: | ein tier daz si dâ sluogen, daz weinden edeliu kint'. Für sich beweist das nichts, es erscheint als ein naheliegender bildlicher Ausdruck. Daß er nach der ursprünglichen Sagengestalt wörtlich zu nehmen ist, und man sich später, als dieselbe mißverstanden und umgedeutet war, mit ihm dadurch abfand, daß man ihn, wie die Verfolgung durch die zwei Panther und die Worte Grimhildes, als Vergleich faßte, diese Erkenntnis wird uns erst, wenn wir von anderer Seite darauf geführt werden, daß Sigfrid zum Entfliehen oder zur Verteidigung sich desselben Mittels bediente, wie seine Feinde zum Verfolgen. Hören wir die Thids. C. 347: „Da sprach Hogni: „„Diesen ganzen Morgen (Hs. A: Tag) haben wir einen wilden Eber verfolgt und wir viere konnten ihn kaum erjagen, aber nun habe ich allein in kurzer Zeit einen Bären oder einen Wisend erjagt; und schlimmer wäre es uns vieren, jung Sigurd zu erjagen, wenn er darauf gerüstet wäre, als einen Bären oder Wisend zu erlegen, der das wildeste aller Tiere ist"". Nun sprach König Gunnar: „„Fürwahr du hast wohl gejagt, und diesen Wisend werden wir mit heim nehmen und meiner Schwester Grimhilde bringen, wo sie auch ist"". Da nahmen sie die Leiche jung Sigurds etc." Von Gunnar wird also mit einem ganz ähnlichen Bilde gespielt, wie an der zuletzt erwähnten Nib.-Stelle. Hagen aber spricht von der Tötung eines wirklichen Ebers und von der eines Bären oder Wisend, unter dem Sigurd zu verstehen ist. Bär oder Wisend wären freilich nicht so gefährlich gewesen, wie der gerüstete Sigurd. Fast denselben Vergleich braucht dieser junge Held sterbend von sich selbst in Vols. C. 30: „Wenn ich dies vorher gewußt hätte und ich wäre auf meine Füße gestiegen mit meinen Waffen, da hätten Viele ihr Leben verlieren sollen, bevor ich gefallen wäre und hätte ich alle die Brüder getötet, und schwieriger würde es für sie, mich zu töten, als den größten Wisend oder Wildeber". In dieser Klage, deren Alter durch Parallelen in der Thids. C. 347 und im Nib. 994 bewiesen wird, ist ein Wildeber mit in den Vergleich gezogen, steht also mit dem Bären oder

Wisend in Hagens Rede auf einer Stufe. Bedenken wir nun, daß die Jagd auf einen gewöhnlichen Eber, die den ganzen Morgen oder Tag gedauert haben soll, für die Burgunder bei ihrem viel wichtigeren Plane sehr gleichgültig sein mußte und ganz überflüssig von der eigentlichen Handlung ablenkt, so gewinnt eine Betrachtung von Wilmanns a. a. O. S. 84 Anm. große Bedeutung für uns: „Die Erzählung der Thids. scheint auf eine Sage hinzudeuten, nach welcher der Mord nicht an der Quelle stattfand, sondern da, wo der Eber erlegt war. Denn wenn die Thids. schildert, wie die Helden das Tier zerlegen und ausweiden, so war damit schon die Situation gegeben, die Hagen brauchte: Sigfrid hatte die Waffen bei Seite gelegt, er kniete über dem Eber und konnte so von Hagen ebenso leicht erstochen werden als nachher, wo er sich zum Trunke bückt". Wilmanns ist durch sein Gefühl auf etwas richtiges geleitet worden. Aber die Erlegung des Ebers ist identisch mit der Ermordung Sigfrids. Man lese nur noch einmal C. 347 der Thids. daraufhin. Man jagt und läuft mit vieler Mühe Tieren nach; auf einmal hat man einen großen Wildeber erlegt. Hintennach wird dann mitgeteilt, daß man ihn vorher lange, daß man ihn den ganzen Morgen oder Tag gejagt habe. Sigurd war bei dieser Jagd immer der vorderste gewesen, und doch tötet nicht er, sondern Hagen den Eber; wir wissen warum. Das eigentliche Objekt der Jagd und des Mordes wurde zum Verfolger, der an Schnelligkeit die Anderen übertraf[1]. Daß Hagen nachher von vier Verfolgern des Ebers spricht und Sigurd nicht mit einrechnet, hat seinen guten Grund. Es sind dieselben vier, die der Sterbende kurz vorher anredet. Jene hatten mit der Erlegung des Ebers ihr Ziel erreicht. Der Sagaschreiber aber, der den Sinn derselben nicht verstanden hatte, mußte den Tod des Helden, auf den es doch ankam, beifügen. Er wüßte, daß die Unthat beim Wassertrinken geschehen, und so mußten Gunnar und Hogni sich noch am Bache niederwerfen, Sigurd, man weiß nicht woher, dazu kommen, und Hogni Jenen mit dem Spieße erstechen, wie er es eben bei dem Eber gethan. Wir haben den

---

[1] Etwas ähnliches glauben wir im Karl Meinet zu finden. In dem Traume der Vols. C. 25 wird ein Hirsch, d. i. Sigurd getötet. Im K. M. S. 503 f. träumt Alde auch von einem Hirsch, der verfolgt wird, und hinter dem Roland mit Oliver herläuft. Diese ihre beiden Lieben werden dann in die Erde aufgenommen, wie Sigfrid in Grimhilde's Traum Nib. 924 von zwei Bergen überschüttet wird. Das Resultat der Jagd auf den Hirsch ist also der Tod Rolands und Olivers.

Verdacht ausgesprochen, daß die Bärenhaut, die Vildifer (Thids. C. 141) anlegt, das Fell des in einen Bären Verwandelten war. So deuten wir auch Sigfrids Kleidung Nib. 953 u. 954. Schade, daß wir nicht wissen, was für ein Tier ein 'ludem' ist. Die goldenen Stäbchen oder Drähtchen, die dem kühnen Jägermeister zu beiden Seiten aus dem lichten Rauchwerk schienen, erinnern sehr an das goldene Haar des Hirsches in Vols. 25. Was auf die Haut des 'ludem' gestreut war, ist nicht gesagt; vielleicht hing es mit dem Goldhaar zusammen. Wenn von dieser Haut das ganze Gewand war (Str. 954), kann Sigfrid nicht zugleich ein Pantherfell tragen. Wir glauben, die Str. 953 stellt den Helden in einem anderen Stadium der Verfolgung oder des Kampfes dar, wo er die Gestalt eines Panthers — oder Ebers, vgl. das über Str. 976 Gesagte — angenommen. Bei solchen Verwandlungen des Helden aber, in denen er selbstverständlich das betreffende Tier immer in seiner größten Vollkommenheit darstellte, waren Beschreibungen ganz natürlich und nicht willkürlich eingeflochten. Sie machten noch Eindruck, als sie nicht mehr verstanden wurden, und ein Rest von ihnen ist in den beiden Str. erhalten. Während sie aber früher getrennt, jede bei der betreffenden Situation gegeben wurden, sind sie hier zusammengerückt, wie etwa die Träume im Karl Meinet. Den Rock von schwarzem 'pfellel' und den Hut von Zobel halten wir für späte Zuthaten.

So wurde denn Sigfrid gejagt, wie ein Wild und in der Gestalt eines solchen. Man sollte nach dem einen Traum in Vols. 25 annehmen, er habe das Aeußere des Hirsches und nicht des Ebers gehabt, als er den Todesstoß erhielt. Der Hirsch wird dort jedoch nicht von Hagen, sondern von Brynhilde getötet; die Urheberschaft der eifersüchtigen Frau wird damit symbolisch angedeutet. Symbolik ist aber, wie wir sehen werden, diesen Träumen in ältester Zeit ganz fremd. In Bezug auf den Mordakt ist der Traum also nicht ganz zuverlässig. Wenn es Hagen wäre, der in demselben den Hirsch tötete, würden wir eher Grund haben, zu zweifeln, ob Sigfrid in der Gestalt dieses Tieres oder des Ebers sein Leben aushauchte. Durch den Falkentraum wird wohl auch eine andere Metamorphose des Helden angezeigt, aber nicht die letzte; dem Walthari war die Fähigkeit zu einer ähnlichen V. 803 zugetraut worden. Sigfrid muß wie dieser beständig sein Aeußeres gewechselt haben. Darum rühmt sich Hagen, einen Bären **oder** Wisend erjagt zu haben, und sagt auch Sigurd Vols. C. 30: „Wisend **oder**

Wildeber"¹). Weil man aber nicht den einen Träger der Tiergestalten erkannte, glaubte man, die Verräter hätten vor dem Morde allerlei Wild gejagt. So kommt es, daß man in der Thids. erst vielen Tieren und dann wieder nur dem einen Eber nachgejagt hat. —

Mit der Annahme einer solchen Verwandelungsfähigkeit Sigfrids müssen wir unserer Vorstellungskraft viel zumuten. Und doch braucht sie uns gerade bei ihm nicht so sehr wunderzunehmen. Giebt er doch auch anderwärts Proben jener Verwandelungsfähigkeit. C. 347 der Thids. glauben wir so hinreichend erklärt zu haben. Das Mehr auf Seite des Nib. soll darum nicht Erfindung sein. Eine darauf bezügliche Untersuchung müßte aber auf breiterer Grundlage geführt werden. Nur die eigentümliche Thatsache sei erwähnt, daß, wie Walthari 11 Burgunder vor dem Kampfe mit Gunther und Hagen tötet, Sigfrid vor seiner Ermordung gerade 11 Tiere erlegt: 1 halpful + 1 Löwe + 1 Wisent + 1 Elch + 4 Ure + 1 Schelch + 1 Eber + 1 Bär. 937, 4 ist gewiß später eingeflickt, weil Hirsche und Hinden in der Aufzählung fehlten. Warum sollten sie nicht wie die übrigen der Zahl nach aufgeführt, sondern so summarisch abgemacht worden sein! Wenn sich hinter jenen 11 Tieren ebenso viele Personen verbergen, so ist hier ein ähnlicher Vorgang wie oben, nur in umgekehrter Richtung anzunehmen. Dann sind aus den Tiermenschen, statt reine Menschen, reine Tiere geworden. Und ein Umstand spricht dafür: Von Sigfrids erster Beute hören wir, daß sie sein Tier gewesen. Wie kann das von einem Wild gesagt werden? In der Bezeichnung des rätselhaften Tieres zeigen aber bekanntlich die Hss. die größte Unsicherheit. Die Deutung „Fohlen", die durch verschiedene von ihnen an die Hand gegeben wird, würde dazu passen, daß es das Tier Sigfrids gewesen, nicht aber dazu, daß es von ihm gejagt worden sei. Hatte der erste Gegner Pferdegestalt (man denke nur an die mythischen Namen Hengist und Horsa), und man verstand das nicht, so konnte man leicht das Pferd für dasjenige des Helden halten und von ihm totschlagen lassen. Schreiber verstanden das wiederum erst recht nicht,

---

1) Wie kommt der im Bett und Zimmer Ermordete dazu, denselben Vergleich zu brauchen, wie Hagen nach der Jagd, wo er natürlich ist? Weist damit nicht auch die Vols. darauf hin, daß dem Tode Sigfrids ursprünglich eine Jagd vorherging; nur eben eine solche von ganz anderem Charakter, als die uns überlieferte? Daß der Mörder Wolfsfleisch und Drachenblut genießt, steht wohl in Beziehung zu Verhältnissen, wie wir sie rekonstruieren.

weil ein Roß doch kein Jagdwild ist: daher die Verwirrung! Ist der erste Teil des Wortes „halb", so könnte man etwa an einen Maulesel denken. Vielleicht ist aber die erste Silbe nur „hal". Wer weiß, ob nicht das 'helfolen' von J h dem alten Worte am nächsten kommt! —

So waren also der Traum im Waltharius und der Grimhildes von den Ebern wirkliche Abbilder des zu fürchtenden Ereignisses, bestätigen trefflich die von uns oben gegebene principielle Erklärung für die Entstehung der Tierträume, die schon wegen ihrer Einfachheit sehr viel für sich hat. Die Träume führten nur wirkliche Verhältnisse vor, d. h. solche, von denen man glaubte, daß sie in der Wirklichkeit vorkämen, und zu diesen gehörten Begegnungen mit Tieren, die eigentlich keine Tiere waren, sondern in denen sich andere Wesen verbargen [1]).

Das Schwierige ist, festzustellen, wo der Traum aus der Erzählung, in der er vorkommt, organisch hervorgewachsen, wo er typisches, willkürlich eingeflicktes Motiv ist. Denn später hat man nach Analogie Tierträume gebildet, in denen keine Uebereinstimmung mit dem betreffenden Ereignis vorhanden war. Mancher Held hatte geheimnisvolle oder scheinbare Beziehungen zu einem bestimmten Tiere — sie drücken sich zuweilen wohl im Namen [2]) oder später im Schildzeichen [3]) aus — dessen Gestalt er am ehesten annahm, und in dieser erschien er im Traume, auch wo er dann mit seinem natürlichen Körper kam.

Nähmen wir an, daß die Sagenpersonen früher alle einer höheren Sphäre angehört hätten, in der sie an die natürlichen Gesetze weniger oder nicht gebunden waren, und erst später in die menschliche heruntergezogen wären, so würden die Tierverwandlungen und damit die Tierträume an Glaubwürdigkeit und damit an Häufigkeit eingebüßt haben. Hauptsächlich aber wurde ihnen durch das Christentum der Boden untergraben.

In dem Bären hatte sich im heidnischen Traume der Feind persönlich gezeigt: er hatte unter dessen Pelz gesteckt. Wer da

---

1) Der Traum des Wolfs in Ecbasis captivi V. 227 (ed. Voigt), in dem ihm Käfer, Wespen, Mücken und Hundsfliegen den Leib zerstachen und zwei Hornissen die Kehle zuschnürten, Kalb und Fuchs aber dabei standen und Jubellieder sangen, unterscheidet sich also von den oben genannten nur dadurch, daß hier die Tiergestalt ihren Trägern natürlich ist.
2) Vgl. den Traum des Gunnar in der Njalssaga C. 61 von Hjǫrt: hjǫrt.
3) Vgl. Lchm. zu Nib. 14.

sagte „der Bär in diesem Traume ist Walthari" zog nur eine Maske ab und zeigte das grimmige Gesicht des Gegners, das sich dahinter verborgen. Das Christentum aber zog eine scharfe Linie zwischen dem Tier und dem Menschen, dem Ebenbild Gottes. An Uebergänge, wie sie früher für natürlich gehalten wurden, als keine sittliche Scheidewand sie hinderte, konnte es nicht mehr glauben lassen. Der Glaube an Werwölfe, an Hexen- und Teufelsverwandlung war ein dürftiger Rest oder Ersatz der alten Anschauungen. Jetzt war der Bär nicht mehr der Feind selbst, sondern Symbol desselben, bildlicher Ausdruck des Begriffs. Nur gewisse gemeinsame Eigenschaften gaben noch Vergleichungspunkte und damit die Verbindung zwischen dem Bären und dem Menschen, den er vertrat. Dadurch aber, daß das Traumtier nicht mehr von vornherein eine Person des Gedichtes, sondern nur ein Feind im Allgemeinen ist, unter dem alle möglichen Gegner vermutet werden können, ist der Traum nicht mehr so eng mit dem Ganzen verwachsen, er ist nicht mehr Sagen-, sondern poetisches Motiv, verliert an Interesse, wird vernachlässigt, verloren. Daran liegt es, daß wir gerade die Träume vielfach so verstümmelt fanden, und daß wir z. B. in dem allerdings auch sonst schlecht überlieferten Eingang des Ortnit (vgl. Neumann, Germ. 27, S. 203 f.) knapp noch erfahren, daß ein Traum erzählt worden ist, nicht aber, was sein Inhalt gewesen, und ob Ortnit selbst oder seine Mutter ihn gehabt hat.

Durch keine Schranken der poetischen Technik, besonders der Allitteration behindert und nicht mehr in der alten mythologischen Vorstellungswelt befangen, verwandte man eine zum Teil andere Fauna. Betrachtete der Dichter mit seinem Publikum die im Traume erscheinenden Tiere nur noch als Symbole, so mußte er diejenigen bevorzugen, deren Bild gerade zu seiner Zeit der Phantasie seiner Zuhörer geläufig war, und mit dem sich bei denselben Nebenvorstellungen verbanden, die seinen Zwecken günstig waren. Dazu gehörten nicht mehr so sehr Bär und Eber, die wir darum nur noch im Walthari, Ruodlieb und Nibelungenlied finden. Vielmehr ist für die Vogelwelt, von deren prophetischen und übernatürlichen Gaben auf deutschem Boden noch geringe Spuren, wie in der Gudrun, im Oswald und im Volkslied, erhalten sind, mit der Erweiterung des geographischen Gesichtskreises — daher auch die exotischen Vierfüßler — und der Ausdehnung der Sagen auf immer größere Länderstrecken, das Interesse fast noch lebhafter geworden, weil sie alle Entfernungen leicht überwindet. Von Raub eines Kindes, insbesondere durch Greifen oder Adler oder Drachen, wußte mehr als eine Sage zu berichten: ein Drache reißt der Helche ihre Kinder vom Mutterherzen, ein Greif tötet sie; von einem Adler wähnt sich Herbrand im Schlafe in Freiheit und Sicherheit gebracht. Zu den gefiederten Bewohnern der Luft, deren Flug in solche Fernen und Höhen ging, wie die Gedanken und Hoffnungen der Liebenden, hatte die Minnepoesie ein näheres Verhältnis; mit dem Falken [1]), dem Bild des liebenden Ritters wie der minnenden Frau wanderten Liebesgrüße herüber und hinüber: der Falke erscheint im Traum als der rettende Geliebte und Gatte im Rother. Ein Adler mit dem den Diener verbildlichenden Raben steht dafür im Orendel. Grimhilde dagegen wird wieder von einem Falken erfreut. Durch das Christentum lernte der Deutsche die Taube als das Sinnbild der Keuschheit und als die Ueberbringerin hoher und froher Botschaft kennen: im Ruodlieb verbirgt sich unter ihrem Bild Heriburg (vgl. Gregor v. Tours III, 15). —

B. Symbolische Träume.

Es sind allein Menschen, die auf solche Weise verhüllt sind, nicht der Vorgang selbst. Weiter, als dadurch bedingt ist, geht die Verbildlichung nicht, wenn wir überhaupt nach dem oben Gesagten von einer solchen noch reden wollen. Ein Beispiel aus einer an. Saga illustriert das trefflich; es mag darum gestattet sein, dasselbe hier anzuführen. Fm. V, S. 189 erzählt König Olaf seinen Leuten, im Traum habe sich ein Bär der Hallenthür genähert, habe mit seiner Tatze den Thürhüter getötet, sei dann herein gekommen und habe (sich in seine Gewalt gegeben, indem er) ihm sein Haupt anvertraut. Im selben Augenblick kommt Bjørn, schlägt den Thürhüter mit seinem Schwert tot, legt sein Haupt auf des Königs Kniee und sagt: „Ich bringe Euch mein Haupt, Herr! thut damit, was Ihr wollt". Also der Bär spricht nur nicht, und er gebraucht die Tatze statt des Schwertes; das ist der ganze Unterschied seines Verhaltens von dem des Bjørn. In der afrz. Dichtung verhält es sich ebenso; aber oft wird auch schon der alte einfache Charakter der Tierträume durch dazutretende und überwuchernde Symbolik verwischt. Leicht begreiflich, man suchte dadurch eben

---

[1] Ueber Falken und Adler vgl. M F. S. 231; Erich Schmidt, Reinmar S. 97; Lachmanns Anm. zu Nib. Str. 14; Scherer W. S. B. 77, S. 438. Weitere Litt. s. bei Fränkel, Shakespeare u. d. Tagelied S. 86 f.

das Traumbild wieder in nähere Fühlung mit dem korrespondierenden Ereignis zu bringen, nachdem dieselbe, wie oben geschildert, verloren gegangen. Wir halten uns an Beispiele, die durch mhd. Bearbeitungen in unsere Litteratur gekommen sind.

In seinem Ruolantes liet (V. 3067 ff.) erzählte der Pfaffe Konrad, Karl der Große habe vor der Schlacht bei Roncesvall geträumt, er wäre zu Aachen, ein Bär (Ganelon) läge vor ihm gefesselt, zerrisse aber plötzlich die Ketten, fiele ihn an und risse ihm von Arm und Bein das Fleisch ab. In einem weiteren Traum — wenn wir die bei Conrad folgende Lücke nach dem Stricker V. 3675 ergänzen — glaubt der Kaiser in Paris zu sein. Da kommt ein Leopard aus Spanien auf ihn zu gelaufen und würde ihn getötet haben, wenn nicht ein Rüde zu Hilfe gekommen wäre und den Leoparden tot gebissen hätte. V. 7086 ff. sieht Karl (nach biblischem Muster) den Himmel sich aufthun und Feuer, Donnerschläge und Winde auf die Erde senden und Löwen, Bären, Leoparden, Schlangen und Greifen das Heer stark bedrängen; er selbst wird von einem Löwen angegriffen, schlägt ihn aber tot; in dem uns vorliegenden französischen Text bleibt der Kampf unentschieden. 7108 folgt wieder ein Traum ähnlich dem in der Lücke zu ergänzenden. Symbolisierend ist besonders folgender. In Gottfrieds Tristan V. 13515 wird die Schuld des Helden dem Truchsessen Marjadoc durch einen Traum bekannt, in welchem ein fürchterlicher Eber aus dem Walde in den Burghof kommt, sich dort zur Wehr setzt, daß niemand ihn anzugreifen wagt, schließlich in den Palas läuft und des Königs Bett beschmutzt. — In der alten Art gehalten ist ein Traum Gaweins in der Krone Heinrichs v. d. T. V. 12157: ein Wildschwein greift ihn an und bringt ihm mit seinem scharfen Zahn manche Wunde bei, schließlich durchbohrt er es mit seinem Spieße. Er freut sich, als er erwacht. Der glückliche Ausgang ist freilich schon moderner. Unterdessen hat Gaweins Gegner Gasozein geträumt, er leide mit der Königin Ginover Schiffbruch, sie rette sich, er ertrinke[1]). Wir wollen die übrigen entlehnten symbolischen Träume, soweit wir sie aufgetrieben, gleich hier erledigen. Von Schiffsuntergang

---

[1] Da die drei einzigen Träume — es gesellt sich zu den beiden noch derjenige der Ginover V. 5406 ff. - in dem 30000 V. starken Werke alle in der unerquicklichen, aber merkwürdigen Geschichte von Gasozein und Ginover (V. 3273—5119 und 10113—12600) vorkommen, in die eine lange Erzählung von Abenteuern Gaweins eingeschoben ist, so ist es wahrscheinlich, daß Heinrich v. d. T. für dieselbe eine besondere Quelle benutzt hat.

wird in der Kchr. zweimal geträumt: einmal von Gerena (V. 14203), die sich und ihren Sohn mit einem Schiff versinken und Jenen ertrinken sieht; sie selbst wird von einem Bären in einen Wald getragen. V. 16306 ff. ermutigt ferner König Konrad die Seinen durch die Erzählung eines Traumes, in welchem der König Stephan mit einem Schiffe untergegangen wäre; ein schwarzer Hund hätte dann seine Leute verbrannt. Kchr. 5451 flieht Kaiser Titus im Traume vor Löwen auf einen dürren Baum, findet da keinen festen Stand und Halt und schwingt sich auf einen anderen Baum mit grünen Zweigen. Nach einer Bemerkung K. Voigts ist die Quelle für die ganze Partie nicht zu finden. Zu Ecuba's Traum von einer Fackel, die aus ihr gewachsen und ganz Troja bis auf den Grund verbrannte (Konr. Troj. 530 ff.) vgl. Bartsch, Albr. v. H. S. XXXIII. Bei Albrecht v. H. ist nach Metam. 11 über den Traumgott, seinen Aufenthaltsort und den Traum der Alcyone berichtet (XXVII). Zu Herzeloyde's Traum (Parz. 103, 25) vgl. ZfdPh. IX, 129 ff. und das oben darüber Gesagte.

Ueber die Quelle von Chanteclers bösem Traume (Reinh. Fuchs 69 f.): 'wie ich in einem rôten belliz solde sîn, | daz houbetloch was beinîn' vgl. Voretzsch, Zs. f. rom. Phill. XV, 124 ff. Die Träume Josephs finden sich in (Milst.) Genesis u. Exod. 74 f. und 80 ff.; der Nebucadnezars von den 4 Weltaltern nach Dan. 2, 31—42 bei Walther 23, 11; Freid. HMS III, 468; Wizlav HMS III, 79b; Kelin HMS III, 20a; Rumezlant HMS II, 369b; Renner 13756, Kchr. 526 ff. = Annol. 531 ff. Sonderbar ist der Traum des Ulixes (Herb. 18205 ff.), in welchem sein Gott ihm in halb göttlicher, halb menschlicher Gestalt erscheint und selbst die Deutung giebt: 'ich bezeichene scheidunge und wandelunge in dîme lande'. —

Ganz schlichte, nur zum Teil symbolische Träume hat Wernher der Gärtner seinem Werke eingefügt (380 ff.). Der alte Helmbrecht versucht dort, den Sohn, der den väterlichen Pflug verlassen und ein Rittersmann werden will, auf alle Weise von diesem verhängnisvollen Schritt abzuhalten. Schließlich erzählt er noch schlimme, wenig mißverständliche Träume, die er Nachts gehabt. Zwei Lichter hatte er zunächst in der Hand des Sohnes gesehen, deren Glanz das ganze Land durchleuchtete. Sie mochten dem künftigen Mordbrenner vielleicht nicht so unmittelbar in ihrer Bedeutung klar sein. Der Mann, den der Vater 'hiure blinden gân' sah, konnte beim Sohne vielleicht nur objektives Interesse erwecken. Freilich hätte ihm die eben V. 437/8 ausgesprochene Befürchtung: 'du volgst ze jüngest einem stabe | und swar dich wise ein kleiner knabe' noch in den Ohren klingen können. Wenn aber der Vater weiter geträumt hat: 'ein fuoz dir ûf der erde gie | du stüende mit dem andern knie | hôhe ûf einem stocke. | dir ragete ûz dem rocke | einez als ein ahsen drum', wenn er von einem dritten Traum berichtet: 'du soltest fliegen hôhe | über welde und über lôhe | ein vetich wart dir versniten | dô wart dîn fliegen vermiten', und wenn er gar noch hinzusetzt: 'sol dir troum guot sîn? | wê hende, füeze und ougen dîn', nun, so gehörte eben die ganze Verstocktheit eines jungen Helmbrecht dazu, 'sælde unde heil | und aller rîchen freuden teil' in diesen Träumen angekündigt zu finden. Er hätte sich wahrlich nicht erst bei 'wîsen liuten' über die wahre Bedeutung zu befragen brauchen, wie es der Vater wünschte. Der Alte hat aber von einem vierten, noch schlimmeren Traum zu berichten: 'du stüende ûf einem boume | von dînen füezen uf daz gras | wol anderthalp klafter was; | ob dînem houbte ûf einem zwî | saz ein rabe, ein krâ da bî. | din hâr was dir bestroubet | dô strælte dir hin houbet | zeswenhalp der rabe dâ | winsterhalp schiet dirz diu krâ'.

Macht das alles auch auf den abenteuerlustigen Burschen keinen Eindruck, so wissen doch wir um so besser, was ihn erwartet. Wollten wir es aber vergessen, so würde uns des jungen Räubers gutmütiger, an den Schwager gerichteter Zuspruch V. 1313 daran erinnern, der eine so heitere Perspektive eröffnet: 'ob dir diu sælde widervert, | daz dir blintheit wirt beschert, | si (Gotelint) wîset dich durch alliu lant | wege und stege an der hant. | wirt dir der fuoz abe geslagen | si sol dir die stelzen tragen | ze dem bette alle morgen. | wis ouch âne sorgen, | ob man dir zuo dem fuoze | der einen hende buoze | si snidet dir unz an den tôt | beide fleisch unde brôt'. Die so zartfühlend mit dem Humor des Schlusses vom Walthariliede berührten Eventualitäten erfüllten sich aber bald (1688 ff.) an ihm selbst. Den verlorenen Sohn, der sich ungefähr die Verstümmelungen Hagens, Gunthers und Walthari's zusammen, nur auf weniger rühmliche Weise zugezogen, 'brâht ein stap und ein kneht | heim in sines vater hûs'. Der Vater aber, der die drei Träume an ihm 'bewæret' findet, weist ihm die Thüre, 'ê der vierde troum ergê'. Auch dieser geht bald in Erfüllung (1895 ff.). 'Ich wæne des vater troum, | daz er sich hie bewære', kann der Dichter gegen Ende seines Werks befriedigt sagen, da alles so programmmäßig in demselben verlaufen. —

In den Träumen der älteren Epik war eine Handlung vorgeführt und zwar meist ein gegen den Träumenden oder einen von dessen Freunden gerichteter Angriff. Der Schlummernde sah also die Gefahr nahen, er hatte das Gefühl des Alpdrückens. Bei Wernher aber sieht der Vater nur die Resultate der einzelnen Schrecknisse, sieht er lebende Bilder. Das kommt daher, weil dort das Augenmerk auf die beteiligten Personen, namentlich die Angreifer gerichtet war, hier auf das Geschehnis. An einer Stelle schlüpft übrigens interessanterweise ein Anegenge unter, wo es nämlich heißt: 'sus troumt mir vert von einem man, den sach ich hiure blinden gân' (vgl. Gr. M[4] 942). Verrät sich nun, wie in den V. 1577 ff, 1588, 1567, in der Einführung des Traummotivs nur der Wunsch des Dichters, seinem Werke Einheit und Uebersichtlichkeit zu geben? Haben wir außerdem nur noch als psychologisch richtig anzuerkennen, daß der alte konservative Bauer an Träume glaubt, der Sohn sie höhnisch abweist? Ich meine, wir dürfen vor Allem einen satirischen Hintergedanken nicht verkennen. Mit Träumen wird der Bauernbursche, dessen romantische Räuberpläne an der polizeilichen Ordnung seiner Zeit scheitern, ebenso gewarnt, wie die großen Sagen- und Romanhelden vor ihren gefährlichen Ausfahrten. Ein Stückchen vom Geist des Cervantes steckt in dem ganzen Buche. —

C. Verhältnis zur Poetik und Weltanschauung.

Gautier, der glaubt, die häufige Verwendung von Träumen in den afrz. Epopeen stamme nicht aus heimisch fränkischer Ueberlieferung, sondern aus antiker Dichtung, führt dafür einen Grund allgemeiner Natur an, den wir nicht übergehen wollen (Les épopées françaises [2] tome I, p. 512 f.). Der kindlichen Darstellungsweise der Chanson, meint er, die jede Effekthascherei verschmäht, erscheint die Verwendung der alten Maschine, deren sich die französischen Tragiker des 17. und 18. Jahrhunderts mit Vorliebe bedienen, fremd und unwürdig. Die Art der Trouveres, schlicht und einfach zu erzählen, die weitgehende Naivetät, mit der sie das Künftige so häufig vorauserzählen, scheine sich mit diesem Kunstmittel, Spannung zu erregen, so gar nicht zu vertragen. Ist dieser Einwand berechtigt, so trifft er auch für die in Stil und Technik verwandte altdeutsche Poesie zu. Wir haben aber schon gezeigt, daß die Träume organisch mit der Erzählung verwachsen sind und einen Teil derselben ausmachen. Und weiter, ist es denn wirklich wahr, daß mit den Traumerzählungen Spannung erregt und bezweckt wurde? In unseren Augen allerdings vielfach. Wir haben immer unwillkürlich die Vorstellung einer erst- und einmaligen Aufnahme neuen fremden Stoffes. Unsere Vorfahren dagegen konnten sich an den alten Heldensagen nicht satt hören.

Was sollten aber künstliche Mittel, die Erwartungen rege zu machen bei solcher Bekanntschaft mit dem Stoff? Vor dem Auge des Erzählers steigt unwillkürlich bei dem Jetzt gespensterhaft die Zukunft auf, und indem er diese andeutet, fällt ein dämmeriger Schein auf die Gegenwart. Ist es denn nicht vielmehr ein Herabstimmen allzu lebhafter Neugier auf das Künftige, wenn wir vor dem Kampf Waltharis mit den Burgundern den wahrscheinlichen Ausgang desselben erfahren? der mittelalterliche Hörer kannte denselben schon. Grimhildes Traum vom Falken läßt die Zukunft noch einigermaßen dunkel: aber in der Vols. legt Brynhilde den parallelen Traum vom Hirsch ganz im Einzelnen aus. Die Deutung — und das ist das Wichtige — beseitigte jedes Dunkel. Die Traumerzählungen thun nur auf eine besondere Art dem Bedürfnis des Dichters Genüge, die Zukunft schon in Beziehung zur Gegenwart zu setzen, entsprechen durchaus dem altgermanischen Stil: also Stimmung, aber nicht Spannung! Sie pflegen dem Eintreten der Ereignisse, auf die sie weisen, nur kurz vorherzugehen (vgl. Mentz 35), und das ist natürlich bei Gedichten, die zum Vortrag bestimmt sind. Später als man für die Lektüre schrieb, da konnte auch der Dichter des Nibelungenliedes zu Anfang mit einem vollen Accord die Grundstimmung des Ganzen angeben. Solche Rahmenträume gehören immer erst einer späteren Zeit an, in der man das Bedürfnis hat, kleinere verstreute Dichtungen zu einem künstlerischen übersichtlichen Ganzen zu fügen. Ihr Erscheinen ist analog dem von Rahmenerzählungen, wie im Decamerone Boccaccio's (für die altfrz. Litteratur vgl. Mentz 35; in der an. Litt. vgl. z. B. die Gunnlaugs Saga). Anlaß zu Seelengemälden, die ja germanischer Darstellungsweise fremd sind, geben die Träume nicht. Sie stellen nur die Treue des Warners oder der Warnerin und den unbeugsamen Stolz und Trotz des Gewarnten in helles Licht. Zeugnisse dafür haben wir oben (S. 1 f.) schon angeführt. Hier sei noch als weiteres hinzugefügt, daß Herbort von Fritslar, der auf der Schwelle zur höfischen Dichtung steht, sich sichtlich darin gefällt, die Hohnrede des Troilus auf seinen weissagenden Bruder Elenus, die er bei Guido fand (V. 22610), zu vergröbern. Und wie an dieser Stelle die Herren alle lachten und ihnen der Spott wohl behagte, so war es auch ganz nach dem Herzen der Leser, wenn sie V. 9658, wo vorher Andromache ihren unglücklichen Traum erzählt hat, lasen: 'Hectori was die rede zorn, | Ir sît unselic geborn, | Daz ir mich ungetrôstet hât | Und des gebet rât | Daz ich hie heime blîbe'. Andromache hatte ihn erst gebeten, ihr die Warnung nicht übel zu nehmen; Priamus hatte überhaupt nicht gewagt, seinen Traum vor seinem Sohne zu erwähnen. Charakteristisch ist auch, daß folgende Spottrede Keii's, die er an Iwein richtet (Iw. 827), auf eine gebräuchliche Redewendung zurückgehen muß: 'iu ist mit der rede ze gâch; slâfet ein lützel dernach; troume iu danne iht swâre, so solt irs iu zewâre nemen eine mâze'. Bei Neidhard sagt nämlich die Tochter zur Mutter (Haupt 20, 22): wer hât iuch beroubet der sinne gar? slâfet, waz ob iu nû ringer getroumet, daz ir iuch anders zâfet!' (doch vgl. Chr. Yv. 610 'se vos anquenuit songiez mauvés songe si remanez').

Außer Hagen und dem alten Helmbrecht waren es immer Frauen, die auf Grund von Träumen warnten. Ihrem Sinn und Gemüt war die Hingabe an die dunkelen Mächte des Aberglaubens mehr eigen, als dem der Männer, und sie waren zauberkundig. Wie gewohnt man es war, gerade bei den weiblichen Angehörigen eines Sagenhelden Interesse für Träume zu sehen, zeigt Enikels Weltchr. 4953. Als dort Joseph die Erzählung seines Traumes von den vor ihm sich neigenden Gestirnen geendet, und ehe noch der Vater seine bezeichnenderweise ausführliche Antwort und Deutung gegeben, mischt sich die Mutter darein: 'daz erhôrt diu muoter dô, des troumes wart si vrô, si sprach: sun den troum lâ stân, der sol dir wærlich wol ergân'. —

Weniger ein hellseherischer Blick als gewisse ererbte, natürliche oder übernatürliche Kenntnisse waren nötig zur Deutung von Träumen, von „Runen des Schicksals" (Gr. M.[4], S. 559; Uhl. Kl. Schr. VI, S. 262) anderer Art. Im Eraclius V. 3723—7 steht ein Traum, der sich in der französischen Vorlage nicht findet: 'mir troumte nâch mitter naht | ich læge in grôzer unmaht | wie mir der dûme swære | unt der nagel abe wære, | daz was diz selbe herzeleit'. So unbedeutend dieses Beispiel ist, so läßt es uns doch recht deutlich das Wesen von Traumgesichten erkennen, die in der alten deutschen Poesie außer hier, nur noch Helmbr. 585 (s. o.) bestimmt vertreten, in der an. Litteratur aber sehr häufig sind. Omina sieht hier der Schlafende, welche nicht aus der Handlung herausgewachsen sind, sondern die der Dichter schon fertig vorfindet und die tief im Volksaberglauben wurzeln. Diese hatte auch Hartmann an jener

Stelle im Erec im Auge. Sie können zum Teil dem Wachenden ebenso gut erscheinen, wie dem Schlafenden; der Traum ist dann nur eines der Mittel, sie dem Menschen vorzuführen. Ihre Deutung ist in jedem Fall dieselbe. Es gilt auch hier, was E. Rieß in seinem Aufsatz „Volkstümliches bei Artemidoros" (Rhein. Mus. 1894, S. 177) auf anderem Kulturgebiet konstatiert. Anknüpfend an den Satz des Sehers Melampus: 'οὐδὲν διαφέρειν τὰ μεθ' ἡμερίαν γινόμενα τῶν ὀναρδοκούντων γίνεσθαι' sagt er: „Dieser Spruch ist bezeichnend für die ganze Traumdeutung des Altertums, die nicht auf den Ruhm einer eigenen Wissenschaft Anspruch erheben kann, wie etwa die Sterndeuterei; sondern die nur die luftigen Gebilde des Schlafes nach den Regeln erklärt, die andere mantische Disciplinen festgestellt haben". „Vieles ist gut beim Schwingen des Schwertes, wenn die Männer es wüßten" heißt es im Reginsmál Str. 20. Nun wir kennen erst recht nicht mehr alle die heil- und unglückbringenden Anegenge, an die man im Ma. glaubte. Darum kommen wir auch in Verlegenheit, ob in dem Traum der Ute im Nibelungenlied Str. 1509 (auch Thids. C. 362), in welchem sie die Vögel des Landes tot sieht, ein Omen vorliegt oder eine Verbildlichung des besonderen Vorgangs. Im letzteren Fall handelte es sich um ein erst spät in die Sage eingefügtes Motiv, im ersteren hätte es etwa eine Regel gegeben: „Wer im Traume tote Vögel sieht, hat den baldigen Tod von Verwandten zu gewärtigen". Vogelaugurien waren ja gerade sehr beliebt (vgl. Er. 8130 mit Haupts Anm.; Gr. Myth. 944 ff.). „Wie das Sehen des Träumenden ein realer Vorgang ist, so ist das, was er sieht, ein realer Gegenstand" (Rohde, Psyche S. 7). Das paßt auch für unsere Vorfahren. Dem heutigen Menschen steht das Traumbild nicht mehr so objektiv gegenüber [1]).

Wenn man durch Träume die Zukunft erkennen kann, so muß

---

1) Uebte es nicht trotzdem seine Wirkung auf das Gemüt, obgleich man nun sein Wesen so viel besser erkannt, so wäre der moderne Dichter, der es als Motiv verwerten wollte, sehr im Nachteil gegen den alten. Goethe hat doch die Schwierigkeit empfunden, die es für den Modernen hat, „die Welt der Phantasieen, Ahnungen, Erscheinungen, Zufälle und Schicksale an die sinnliche heranzubringen, weil wir für die Wundergeschöpfe, Götter, Wahrsager und Orakel der Alten, so sehr es zu wünschen wäre, nicht leicht Ersatz finden" (vgl. seinen Aufsatz „Ueber epische und dramatische Dichtung"). Er selbst, der wegen des opernhaften Egmonttraumes von Schiller gemaßregelt worden, hat sich in Hermann und Dorothea mit genialem Takt zu helfen gewußt zu Beginn des Gesangs Erato. Dort steigt aus Bildern der Vergangenheit das künftige auf (vgl. Burdach, Reinmar S. 146 Anm.).

diese schon festgelegt sein. Eine fatalistische Weltanschauung der alten Germanen wäre also auch von dieser Seite zu erschließen (vgl. Henzen, S. 18 ff.). Geringe Modifikationen schien man nur durch die Deutung herbeiführen zu können, hauptsächlich nach der schlimmen Seite. Furcht vor übler Deutung (Henzen, S. 19 ff.) sahen wir schon in den Gedichten Günthers von dem Forste HMS II, 168 und Diurners HMS II, 337. Ruodliebs Mutter wartet mit der Mitteilung ihres Traumes drei Tage, weil das Glück, das er verkündigt, sonst nicht in Erfüllung gehen würde. Der heute noch sehr verbreitete Aberglaube, daß man durch „Beschreien, Berufen" sich ein Glück verscherzen könne, steht dem sehr nahe.

Woher aber kamen die Träume? Der Mensch des späteren Mittelalters wird sich darüber im Allgemeinen so wenig Gedanken gemacht haben, wie der abergläubische moderne. Wolframs (Parz. 245, 4) 'ir boten künftigiu leit sanden im in slâfe dar' kann natürlich nicht als Zeugnis für einen Glauben der Vorwelt, der sich Traum und Schlaf immer als Geist, Engel und gesandten Boten gedacht hätte (J. Grimm, Andr. u. El., S. XXXI), verwandt werden. Bock zeigt a. a. O. S. 18, indem er Gudr. 848, 4 heranzieht, nur, daß Wolfram einen volkstümlichen Gedanken ausführt, nämlich den, daß die Leiden wie Herren Boten voraussenden, ihre Ankunft zu melden. Giebt uns die Mythologie irgendwo Aufschluß, so ist es in der 31. Str. von Alvissmǫl, wo wir hören, daß die Zwerge die Nacht 'draumniǫrun' Traumerzeugerin nennen. Dem nächtlichen Dunkel, der Unterwelt entstiegen, von Hel emporgesendet haben wir uns vielleicht die Träume zu denken, zum wenigsten diejenigen, die den Tod anzeigen. Im Saxo Grammaticus p. 124 (Müller-Velschow) tritt Proserpina selbst zu dem schlafenden Balder heran und kündigt ihm für den nächsten Tag ihre Umarmung an. Drei Tage danach stirbt er an seiner Wunde. p. 120 erscheinen quälende Larven, die das Aussehen der Nanna nachahmten. Der Eingang von 'Baldrs draumar' macht mir die unterweltliche Herkunft der Träume besonders wahrscheinlich. Auch der Umstand, daß der Helianddichter Satanas zum Urheber des Traums der Portia macht, spricht dafür. Anders wurde es, als man die Traumgesichte von Gott, dem gnädigen Schöpfer und Erhalter aller Dinge gesendet glaubte. Da fiel ein mildes Licht über alle die düsteren Sagen, da wurde der Schlafende gewarnt vor einer Gefahr, der er entgehen konnte, wenn sein himmlischer Vater es in seiner Weisheit nicht anders beschlossen hatte. Da stand am Kopfende seines Bettes wohl gar ein Engel, wie im franz. Rolandslied V. 2526, bei Konrad V. 7080, und ließ ihn die Traumbilder sehen. Mit einem letzten schwachen Ausläufer des alten Glaubens trifft ein christlicher Traum im Reinfrid von Braunschweig in charakteristischer Weise zusammen. Durch den schon erwähnten, wie Yrkane meint, schlimm endenden Falken-, also in seinem tiefsten Ursprung heidnischen Tiertraum erfährt sie dort V. 13514, daß ihr Gemahl ihr geraubt werden wird; doch vorher ist diesem schon Maria erschienen, hat ihm einen Kreuzzug befohlen und als Belohnung die Geburt eines lange erflehten Kindes und schließlich glückliche Heimkehr in Aussicht gestellt. — An die Stelle der alten fatalistischen Weltanschauung ist die christlich-teleologische getreten.

Gotelinds und ihrer Tochter Träume in der Klage (Edzardi 3155 ff.) vom toten Rüdeger und seinem Roß haben keine Besprechung gefunden, weil wir sie in einem anderen Zusammenhang mit Verwandtem zusammenstellen wollen [1]). Ihre Betrachtung wird unsere principiellen Erklärungen noch mehr stützen.

[1]) Dieser Verweis, wie diejenigen auf S. 24 und S. 27 (Z. 8 v. u.) beziehen sich auf eine Arbeit über „Das Traummotiv in alten deutschen Volksliedern", die ich in Kürze mit der vorliegenden Dissertation und anderen Untersuchungen zusammen im Verlag von Max Niemeyer in Halle erscheinen lasse. —
Von Herrn Professor Kauffmann, dem ich für manchen Rat und Wink zu Dank verpflichtet bin, werde ich auf 3 Stellen in Schönbachs Buche „Ueber Hartmann von Aue" (Graz 1894) aufmerksam gemacht. S. 334 ff. spricht Sch. von Hartmanns Verhältnis zum Aberglauben seiner Zeit. S. 471 verweist er in Bezug auf kirchl. Anschauungen von Träumen auf Honor. Augustodun., Elucidarius lib. 3 cap. 2 (Migne 1163 A). S. 208 bemerkt er zu Er. 6019 f. ('der enmöhte von ein troume niht sôrer sin betrogen': „vgl. Eccli. 34, 7: 'multos enim errare fecerunt somnia et exciderunt sperantes in illis'. Für 'somnia' ist bei den Predigern des Mittelalters 'fallacia' das stehende Beiwort; vgl. die sechs Arten der Entstehung von Träumen bei Alanus ab Insulis, Sententiae, Migne 210, 256 C.; Gregor d. Gr. öfters in den Dialogen etc." —
Ueber einen Teil unseres Gegenstandes hat gehandelt Prof. A. Nagele in seinem Aufsatz „Der Traum in der epischen Dichtung" (Jahresber. d. k. k. Staats-Oberrealschule in Marburg 1889).